훈련

훈련

Copyright ⓒ 킹덤처치연구소 2025

2010년 9월 30일 초 판 1쇄 발행
2017년 3월 15일 수정판 1쇄 발행
2025년 7월 15일 수정판 5쇄 발행

지은이 : 이종필
펴낸이 : 김춘자
펴낸곳 : 목양북

등록 2024년 3월 22일 제 2024호-047호
주소 경기도 용인시 처인구 양지면 학촌로53번길 19
전화 070-7561-5247   팩스 0505-009-9585
이메일 mokyang-book@hanmail.net

* 책 값은 뒤표지에 있습니다.
* 파본은 교환해 드립니다.
* 이 출판물은 저작권법에 의해 보호를 받는 저작물이므로 무단 복제할 수 없습니다.
* 독자의 의견을 기다립니다.

ISBN : 979-11-993171-0-9 (03230)

환경
상처
분노
근심
신뢰
순종
인내
섬김
용서
담대함
고백

훈련을 통하지 않으면 아무 것도 이룰 수 없다

훈련

이종필 지음

하나님께서는 공평과 정의의 하나님이시다. 하나님께서는 혹독하고 고통스러운
훈련의 시간이 없는 사람에게 성공적인 인생을 주시지 않는다.
구원은 아무 노력이 없이 주어지지만, 구원 받은 이후 어떤 인생을 살아가느냐는
훈련에 의해 결정된다. 바울은 자기의 제자 디모데에게 '망령되고 허탄한 신화를 버리고
경건에 이르도록 네 자신을 연단하라(디모데전서 4:7)' 고 말한다.

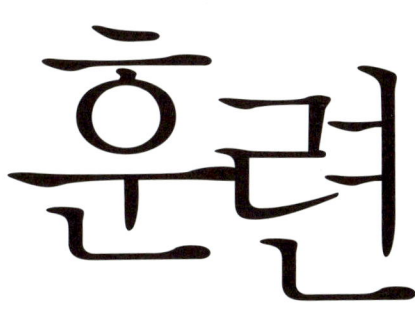

도서 출판 **목양**

축하의 글

'들에 핀 들꽃에게는 훈련이 필요하지 않다. 하나님이 들어 쓰시려 하는 사람에게만 훈련이 주어진다'. 우리는 훈련을 통하여 비로소 하나님의 축복의 대로에 들어가게 되기에 훈련은 축복의 전주곡인 것이다. 나는 밴쿠버의 청소년 코스타에서 강사로 오신 이종필 목사님을 만났다. 캐나다의 청소년을 향한 이목사님의 힘있는 말씀과 통찰력의 감격을 나는 지금도 잊을 수가 없다. 나는 이 책을 읽는 모든 독자들이 훈련에 대한 새로운 도전과 이해를 가질 것을 확신한다. 모든 독자들이 각자에게 주신 훈련을 잘 이겨내 하나님 영광을 위하여 멋지게 쓰임 받으시길 축복한다.

_ 이재일 교수 (시애틀 퍼시픽 대학교, '나는 날마다 꿈을 디자인한다' 저자)

'성숙한 크리스찬이 되는 것'은 모든 그리스도인의 소망이다. 지금은 많은 영적 도전이 있는 시대이다. 이러한 때에 우리는 어떻게 하면 믿음이 흔들리지 않고 승리의 삶을 살 수 있을까? 하는 것은 모든 그리스도인들의 공통된 고민일 것이다. 이종필 목사는 성도들과 함께 이 문제를 가지고 함께 고민하고 눈물을 흘리면서 하나님께 매달리는 목회자이다. 이 책은 우리들의 고민에 생수와 같은 답을 제시해 줄 것이다. 잘 훈련된 군사들이 되어 승리의 인생을 살기를 소망한다. _ 노경묵 목사 (평성교회 담임목사)

이종필 목사님을 처음 만난 것은 2001년 겨울입니다. 말씀과 기도를 향한 뜨거운 열정과 사랑, 그 한결 같은 삶과 마음에 깊은 존경심을 가지고 있습니다. 또한 하나님의 말씀을 탁월하게 풀어가는 이종필 목사님의 성경해석은 깊은 도전을 줍니다. '훈련'도 이종필 목사님의 깊은 영성과 지성에서 나온 노력의 결과물입니다. '훈련'은 사도 바울이 사랑하는 제자 디모데에게 범사에 유익한 '경건'을 훈련하도록 인도한 것과 동일한 마음에서 출발했다고 봅니다. 세속화되는 교회, 냉혹한 현실 앞에 자신의 삶과 신앙을 놓아버리려는 이 땅의 많은 청년들, 믿음과 실천 사이에서 방황하는 모든 성도들에게 '훈련'은 아름다운 대안을 제시합니다. 평범한 주제인 듯 하지만, 실생활에 적용하기 쉽지 않은 훈련의 모든 과정을 '훈련'을 통해 알 수 있습니다. 매일 먹어도 질리지 않고 반드시 필요한 밥과 같은 책입니다. 우리 모두 '먹어야 할' 책입니다.

_ 한주원 목사 (개포동교회)

축구를 보면 현란한 다리로 하는 것 같지만 사실은 훈련된 머리와 몸 전체로 하는 것이다. 나는 몸을 단련하는 트레이너로 일하면서 건강을 위해 몸을 단련하는 훈련이 얼마나 중요한지 느끼며 살아왔다. 몸을 주관하는 영혼을 훈련하는 것의 중요성이야 말로 할 필요가 있으랴? 사역 현장에서 늘 만나왔던 이종필 목사님의 〈훈련〉은 우리 삶을 방해하는 영적 장애물을 강타하는 강력한 대포알 숯과도 같은 메시지이다. 머리의 생각과 몸의 근육이 하나가 되는 훈련을 마친 후에야 골이 터지는 축구처럼 이 책을 통해 우리의 인생도 골이 터지기 시작할 것이다.

_ 정주호 코치 (스타트레인 미니스트리 대표, CGNTV 정주호의 몸몸몸 진행자)

내가 만난 이종필 목사는 대중을 사로잡는 리더쉽이 있다. 그리고 목회현장에서 리더를 발굴하고 건강한 리더를 길러내는 일에도 탁월한 전문가이다. 그리고 그는 항상 진지하게 배우고 섬기는 자세를 갖춘 인격적인 목회자이기도 하다.

목회자에게 건강한 리더의 배출은 경쟁력이다. 그동안 한국교회는 수직성장을 하면서도 건강한 리더를 키우는 일을 등한히 한 결과 그 쓴 뿌리를 경험하고 있다. 이제 한국교회는 강단에서 머무는 말씀이 아니라 삶의 현장 가운데 영적예배를 드릴수 있는 건강한 리더를 훈련해야 한다. 이 책이 그 명확한 해답과 구체적인 훈련 방안들을 제시해주고 있어 목회자와 교회를 섬기는 평신도 리더들에게 큰 유익이 될 것이다. 기쁨으로 추천하고 싶은 책을 만나게 되어 매우 반갑다.

_ 곽성덕 목사 (에덴교회 담임목사, 칼빈대 교수)

이 목사님은 개인적으로 저의 친구입니다. 그러나 쉽게 신앙적 타성에 빠지곤 하는 저에게 자극과 각성을 주는 분이기 때문에 '스승'이기도 합니다. 그를 아는 많은 친구들에게 그에 대해서 물어보면 각각 다른 모습을 말합니다. 저 역시 20년 전 제가 알던 친구가 이토록 열정적인 목회자가 된 것에 대해서 놀랄 때가 있습니다. 학창 시절 이 목사님은 늘 유머 감각이 넘치고 다른 사람들의 주목을 받는 명랑한 학생이었습니다. 참으로 여러 친구들이 그를 따랐습니다. 그러나 틀에 박히지 않은 채 영혼들을 대했기 때문에 사람들의 마음을 끄는 힘이 그에게 있었습니다. 이 목사님이 복음적인 신앙을 견지하지만, 외형적 틀에 얽매이지 않는 탓에 도리어 수많은 사람에게 큰 영향을 끼칠 수 있는 것은 그의 삶과 무관하지 않은 것 같습니다.

이 목사님은 신작 〈훈련〉을 통해, "훈련하지 않고는 아무 것도 이룰 수 없다"고 강조합니다. 이것은 그저 교회에 다니며 인습적인 신앙생활에 만족하는 그리스도인들에게 큰 도전을 주는 부분이라고 생각합니다. 주님께서 주시는 은혜는 듣기 좋은 '위로'만이 아니라, 주님의 뜻에 순종하며 실천하도록 요청하는 '도전'일 수도 있음에 동의하는 독자들이라면 이 책을 일독하여 후회가 없을 것입니다.

– 유은걸 목사 (호서대학교 신학과 교수)

우리는 예수님을 영접하고 구원의 선물을 얻는 순간부터 예수님을 닮아가야 하는 어렵고도 긴 여정에 오르게 된다. 이번에 출간되는 〈훈련〉은 크리스챤이 현실에서 늘 부딪치는 많은 문제들에 대해서 탁월한 영성과 통찰력으로 해결방법을 제시하고 있다. 이종필 목사님은 탁월한 어휘력으로 어려운 주제를 쉽게 풀어냈다. 이 책은 우리가 탁월한 인생을 살아가기 위해 꼭 필요한 서바이벌 핸드북이 될 것이다.

– 유훈 상무 (메리츠화재)

서문

훈련을 통하지 않으면
아무 것도 이룰 수 없다

2002년 월드컵을 기억할 것이다. 한국 축구팀을 4강으로 이끌었던 히딩크 감독은 대통령으로 출마했으면 당선되었을 것이라는 이야기가 있을 만큼 대단한 인기를 누렸다. 언론과 책은 히딩크 감독이 4강 신화를 이룰 수 있었던 원인을 분석했다. 그 중 가장 주목할 만한 것은 그의 훈련방식이다.

당시까지 한국은 월드컵에서 16강은 고사하고 단 1승도 거둔 적이 없는 약팀이었다. 히딩크 감독은 한국 선수들에게 엄청난 양의 체력 훈련을 시켰다고 한다. 그 결과 한국팀은

지칠 줄 모르는 체력으로 상대팀을 압박했다. 한국은 개인기가 뛰어나다는 평가를 받은 것도 아니었고 주목받는 스타플레이어도 없었다. 하지만 한국팀은 당당히 월드컵 4강의 신화를 만들어 냈다. 한국 축구팀이 4강에 오른 비결은 바로 '훈련'이었다.

어느 분야에서건 두각을 나타내는 인물은 훈련의 시간을 이겨낸 사람들이다. 우리는 훈련된 기술자들이 좋은 상품을 연구하고 생산하여 해외에 판매하는 것을 자랑스럽게 여긴다. 훈련된 운동선수들이 국가의 명예를 빛내는 것에 감동한다. 박지성의 발과 김연아의 스케이트에 온 국민이 감동하는 이유는 바로 그들이 견뎌냈을 훈련의 시간들을 알고 있기 때문이다. 하지만 정작 우리 자신에게 훈련이 요청되면 도망가고 싶다. 나에게는 훈련이 없어도 훌륭한 결과가 찾아올 것 같은 환상에 빠지고 싶어 한다. 그러나 그것은 어디까지나 착각이다.

신앙의 영역에서도 마찬가지이다. 누구나 성도라면 성경에 나오는 위대한 인물들과 같이 하나님의 능력을 체험하며 위대한 인생을 살아가고 싶을 것이다. 하지만 하룻밤의 기도로 훌륭한 인생을 살아간 사람은 없다. 한 번의 명 설교를 듣고 갑자기 위대한 인격을 소유하게 된 신앙인은 없다. 한 번의 수련회를 통해 놀랍게 변화될 수는 없다.

하나님께서는 공평과 정의의 하나님이시다. 하나님께서는 혹독하고 고통스러운 훈련의 시간을 견디지 않은 사람에게 성공적인 인생을 주시지 않는다. 구원은 아무 노력이 없이 주어지지만, 구원 받은 이후 어떤 인생을 살아가느냐는 훈련에 의해 결정된다. 바울은 자기의 제자 디모데에게 '망령되고 허탄한 신화를 버리고 경건에 이르도록 네 자신을 연단하라(디모데전서 4:7)'고 말한다.

이 책은 누구나 다 알고 있는 평범한 주제들을 다루고 있다. 우리는 환경을 극복해야 한다. 상처와 분노와 근심을 이겨야 한다. 모르는 사람이 어디 있는가? 하지만 거의 대부분의 사람들이 그러지 못하고 있다. 하나님을 신뢰하고 순종해야 하나님께서 우리의 삶에 계획하신 일들을 이룰 수 있다는 것을 알고 있다. 하지만 하나님을 신뢰하지 못하고 불순종하여 실패하는 사람들이 참 많다. 인내하며 섬기는 삶을 살아야 한다는 것은 알지만 그렇게 할 수 있는 사람이 많지 않다. 용서해야 행복하다는 것을 알지만 용서하기가 쉽지 않다. 하나님께서 담대하라고 하시지만 작은 위기에도 흔들린다. 죄를 고백하고 자유하는 것이 하나님의 은총으로 가는 길인 것을 알지만 자꾸만 감추고 싶다. 이유는 훈련되지 않았기 때문이다. 이 책은 각 주제에 대한 구체적인 훈련의 방법까지 소개하고 있다. 부디 이 책을 통해 아는 신앙에서 실천하여 누리는 신앙으로 새롭게 변모되는 자신을 발견하기 바란다.

2010년 9월
서초동에서 이종필 목사

차례

축하의 글 / 4
서문 / 8

• PART 1
훈련밖에 없다 /17

제1장 · 영적 훈련 /19
   영적 훈련이란/영적 훈련은 필수 과정

제2장 · 영적 훈련의 실제 /25
   훈련에는 수고가 따른다/영적 훈련의 방해요소/영적 훈련의 도구

• PART 2
믿음으로 극복할 것들 /33

제3장 · 환경을 극복하라 /35

때문에 병/환경에 지배당하는 그리스도인/환경을 극복하는 믿음/환경을 극복하는 방법/하나님을 생각하라/기도로 성령의 생각을 구하라/말씀대로 생각하라

제4장 · 상처를 극복하라 /50

상처란 무엇인가?/상처의 영향력/상처의 결과/상처의 필연성/상처를 극복하는 방법/상처를 하나님의 섭리로 받아들이라/상처에 이끌려 행동하지 말고 하나님의 말씀에 따르라/하나님께 위로를 구하라

제5장 · 분노를 극복하라 /65

분노의 위험성/가인의 분노/분노의 원인/질투심은 분노를 일으킨다/자존심은 분노를 일으킨다/자신의 잘못을 지적받을 때 분노가 일어난다/교만은 분노를 일으킨다/분노를 해결하는 비결/분노를 추방하라/분노를 속히 다스리라/타인의 분노에 대처하는 훈련

제6장 · 근심을 극복하라 /84

근심/근심의 해악/근심을 이기는 방법/하나님의 보호하심을 확신하라/염려하지 말고 기도하라

• PART 3
믿음으로 훈련할 것들 /97

제7장 · 신뢰를 훈련하라 /99

참 불쌍한 사람/하나님을 신뢰하는 사람이 되라/신뢰하려면 감사하라/
신뢰하려면 무조건 순종해 보라/신뢰의 결과

제8장 · 순종을 훈련하라 /110

순종은 필수인가 선택인가/믿음은 순종으로 표현된다/순종은 우리의
미래를 결정한다/교회와 성도의 미래는 순종에 달려 있다/순종을 훈련
하라/순종의 대상은 하나님이다/순종의 대상은 사람이 되기도 한다/
선지자에 대한 순종/국가의 위정자에 대한 순종/부모에 대한 순종/
직장의 상사나 권위자에 대한 순종/영적 지도자에 대한 순종/
순종의 한계/순종의 태도 훈련

제9장 · 인내를 훈련하라 /136

인내에 대한 교훈/참지 못하는 세대/인내의 중요성/믿음의 조건인 인내
/미래의 소망을 바라보라/시련에 당당히 맞서라

제10장 · 섬김을 훈련하라 /151
> 섬김의 기회/리브가의 섬김/섬김의 조건/섬김은 인격적 존중과 높임이다/섬김은 자신의 일을 멈추는 것이다/섬김은 넘치도록 수고하는 것이다/인생을 바꾸는 섬김

제11장 · 용서를 훈련하라 /163
> 용서는 불편한 것?/용서 받은 사람들/용서받은 자의 용서/용서의 범위/용서의 유익/용서를 훈련하라

제12장 · 담대함을 훈련하라 /175
> 자신감이 사라진 세상/담대함은 명령이자 특권/담대함을 깨트리는 요소들/담대함의 근원은 하나님/의로운 삶은 담대함을 준다/하나님께서 도우실 것을 확신하라/하나님께서 동행하심을 믿으라/주님의 일을 위해 담대하라

제13장 · 고백을 훈련하라 /190
> 고백의 기적/죄의 고백/죄를 깨닫게 하시는 성령/고백하지 않는 결과/고백의 유익/죄의 고백은 위로와 기도를 수확한다

Part 01

훈련밖에 없다

• 제1장
영적 훈련

영적 훈련이란

2008년 베이징 올림픽 야구 종목에서 한국이 전승으로 금메달을 땄던 장면은 모든 국민들에게 잊혀지지 않는 감동을 주었다. 금메달을 따기 위해 땀 흘렸던 많은 선수들 중에 김광현이나 류현진 같은 뛰어난 투수들이 있었다. 사실 투수가 던지는 공의 종류는 많아야 열 가지를 넘지 않는다. 직구, 커브, 슬라이더, 싱커, 체인지업, 스플리터 등. 이 공들을 던지는 방법에 대한 지식은 하루면 배울 수 있다.

하지만 지식을 안다고 해서 이 공들을 던질 수 있는 것은 아니다. 이 기술대로 공을 던지기 위해 훈련하는 시간은 엄청나게 오래 걸린다. 공 하나를 던지는 요령을 실제로 몸에 익히는 데 1년 이상 걸리기도 한다. 뛰어난 투수는 이 공들을 던지는 방법을 지식이 아니라 훈련으로 터득한다. 김광현이나 류현진 같은 선수들 역시 이론적 지식을 온 몸의 근육에 적용하여 성공적인 선수로 활약할 수 있었다.

마찬가지로 영적 훈련은 성경 말씀이라는 지식을 삶에 실제로 적용하여 성공적인 삶을 가능하게 하는 과정이다. 성경에서 이러한 훈련을 뜻하는 말은 바로 '연단'이다. '연단하다'라는 뜻의 헬라어 단어는 '큄나조'인데, 원래 육체를 단련시키는 것을 뜻할 때 주로 사용되었다. 이 말의 뜻은 지식을 배운다는 의미가 아니라, 근육에 새겨지도록 단련한다는 것을 의미한다. 독일의 인문계 중등교육기관 '김나지움' 역시 헬라어 '큄나조'에서 나온 말이다. 독일의 김나지움은 어원상 우리의 학교(배움터)와는 개념이 조금 다르다. 지식을 머리에 기억시키는 곳이 아니라, 지식을 몸에 훈련하여 삶에 필요한 것들을 익히는 곳이라는 의미가 더 강한 것이다.

지식으로써의 말씀이 삶에 실제로 새겨져 나타날 때, 그것을 능력이라 말한다. 훈련된 신앙인은 하나님의 능력을 소유하게 된다.

바울은 자신의 제자인 디모데에게 '큄나조' 하라고 말했다. 바울은 이 말을 통해 디모데에게 신앙의 지식을 습득하는 것에 그치지 말고, 경건하게 주님을 따르는 삶을 실제적으로 훈련하라고 가르쳤던 것이다. 이러한 훈련이 없으면 절대로 좋은 신앙인이 될 수 없으며, 풍성한 인생의 열매를 맺을 수 없다는 것이다. 바울은 이 말이 '모든 사람이 받을 만한(디모데전서 4:9)' 것이라고 강조한다. 모든 신앙인은 반드시 바울이 디모데에게 강조했던 대로 신앙의 훈련을 통해 자신을 영적으로 발전시켜야 한다. 신앙적 지식을 배우는 데서 그치는 것이 아니라 모든 면에서 자신을 훈련하여 예수님을 닮아갈 때 예수님과 같은 삶을 사는 위대한 인생이 되는 것이다.

영적 훈련은 필수 과정

훈련은 성장을 위한 필수 과정이다. 이 세상에는 훈련 없이 되는 일이 없다. 우리는 유명한 사람들을 보면서 그 화려함을 부러워하지만, 큰 업적을 쌓은 사람일수록 그만큼 힘든 훈련이 있었다는 것을 기억해야 한다.

스포츠를 별로 좋아하지 않는 사람도 농구 황제 마이클 조던을 알고 있을 것이다. 그가 신인시절이었던 1984년에 LA 올림픽에 출전했을 때, 그는 지금 우리가 알고 있는 것과 같은 엄청난 선수가 아니었다고 한다. 그와 비슷한 재능과 잠재력을 가진 선수는 많았다. 그러나 그는 시간이 지날수록 엄청난 선수로 성장했고, 자신보다 재능이 뛰어났던 많은 선수들을 제치고 최고의 선수가 되었다. 그 이유는 무엇일까. 바로 남보다 더욱 훈련했기 때문이다.

노스캐롤라이나 대학 시절부터 그는 수위실 담당자가 쫓아낼 때까지 공을 던졌을 만큼 체육관에 가장 오래 남아있던 선수였다. 그의 개인훈련에 대한 이야기들이 전설처럼 남아있다. 그는 하루도 개인훈련을 거르지 않았는데, 동료 찰스 바클리가 '강박증'이라고 말할 정도로 엄청난 훈련을 했다. 사람들은 마이클 조던이 슛감각을 타고 났다고 말한다. 하지만 그는 자신보다 슛이 뛰어난 선수들을 만나면 이길 수 있을 때까지 훈련을 했다고 한다. 또한 상대편이 자신의 플레이를 연구하고 수비를 준비해 어려운 경기를 하고 나면 어김없이 비디오를 보면서 그에 대한 대비책을 훈련했다고 한다. 결국 많은 사람들을 감동케 한 뛰어난 농구 실력은 엄청난 훈련 덕분이었다.

바울은 디모데에게 이러한 육체의 훈련도 유익이 있다고 말한다. 이미 당시에도 여러 스포츠 종목들이 있었으며, 육체를 단련하면 좋은 선수가 될 수 있었다. 하지만 바울이 더욱 강조한 것은 경건한 삶을 위한 신앙의 훈련이었다. 그 훈련은 이생에도 내세에도 엄청난 유익이 있다는 것이다. '육체의 연단은 약간의 유익이 있으나 경건은 범사에 유익하니 금생과 내생에 약속이 있느니라(디모데전서 4:8).' 우리가 이 세상을 살아가기 위해 필요한 공부와 훈련을 하는 것도 중요하지만, 더욱 중요한 것은 영적으로 훈련되어야 한다는 것이다. 많은 사람들이 세상에서 살아가기 위해 엄청난 노력을 기울이면서도 정작 영적인 훈련은 소홀히 하는 경우가 많다. 하나님을 바라보고 경건을 위한 훈련에 먼저 힘을 다하라. 그러면 하나님께서 약속하신 이생과 내세의 약속이 우리의 삶에서 이루어진다.

모세는 이스라엘의 지도자가 되기 전 광야에서 40년간 목자로 살면서 훈련되었다. 다윗은 왕이 되기 전 광야에서 사울의 추격을 피하며 주님만을 의지하는 훈련을 받았다. 영적인 거장들은 모두 혹독한 훈련을 통해 성장했다. 그들이 원래 위대한 사람이 아니라, 위대한 사람으로 훈련되어졌던 것이다. 영적 훈련은 그들이 위대하게 성장하는 데 꼭 필요한 과정이었다. 우리가 영적 훈련을 외면하고 게을리하면 하나님께서 약속하신 것들을 누리지 못한다. 우리의 인생은 하나님께서 주관하고 이루어가시는 것이기 때문이다.

하나님께서는 이스라엘 백성에게 가나안 땅을 약속하셨

다. 하지만 광야의 훈련을 이겨낸 사람들만 가나안 땅에 들어갈 수 있었다. 훈련을 이겨낸 자만이 하나님께서 약속하신 미래를 누리게 된다. 이것이 하나님의 방법이다. 하나님께서는 믿음으로 훈련되어 하나님이 쓰시기에 준비된 사람을 찾으신다. 그리고 그들에게 약속된 것을 누리게 하신다. 이스라엘의 광야 훈련에서 승리한 사람은 여호수아와 갈렙이었다. 하나님께서는 광야가 혹독한 시련의 장소라는 것을 잘 알고 있었다. 하나님께서는 그곳에서 주님만을 바라보는 훈련을 하기 원하셨다. 많은 이스라엘 백성들이 현실의 혹독함에 쓰러졌다. 그들은 하나님께 불평하고 원망했다. 결국 훈련에 실패한 백성들은 가나안 정복 전쟁에 참여하지 못했다. 하지만 여호수아와 갈렙은 하나님을 바라보고 하나님의 약속을 신뢰하여 훈련의 과정이 끝났을 때 가나안 땅을 얻게 되었다. '여분네의 아들 갈렙과 눈의 아들 여호수아 외에는 내가 맹세하여 너희에게 살게 하리라 한 땅에 결단코 들어가지 못하리라(민수기 14:30).'

• 제2장
영적 훈련의 실제

훈련에는 수고가 따른다

몇 년 전에 〈영어공부 절대로 하지 마라〉는 책이 나왔다. 많은 사람들이 정말 힘들게 노력하지 않고도 영어를 잘 할 수 있는지 기대하고 이 책을 보았다. 그러나 이 책은 새로운 공부 방법을 제시한 것일 뿐, 아무 수고와 노력도 없이 그냥 영어를 배울 수 있다는 내용이 아니었다. 아무 수고와 노력 없이 할 수 있는 일은 없다.

훈련에 수고가 따른다는 말은 너무나 당연한 말이다. 강해지기 위해서는 훈련이 필요하다. 훈련을 위해서는 수고가 필요하다. 결국 수고하지 않으면 강해질 수 없다. 힘들 것 같은 훈련을 피하면 아무 성취도 없는 삶을 살 수밖에 없다. 많은 신앙인들이 수고하기 싫어서 영적 훈련을 회피한다. 쉽고 편한 길을 가려고 한다. 하지만 그렇게 살아가면 하나님께서 약속하신 풍성한 삶의 열매를 누리지 못한다.

예수님께서는 제자들을 혹독하게 훈련시키셨다. 예수님께서는 제자들을 특별히 사랑하셨지만 예수님을 따라가기만 하면 미래가 열리는 특혜를 주시지는 않았다. 오히려 제자들은 더 많은 수고로 훈련된 끝에 이 세상을 복음으로 바꾸는 위대한 일을 이룰 수 있었다. 신앙인들 중에는 왜 하나님께서 자신만 이렇게 훈련시키는지 모르겠다고 불평하는 사람이 많다. 편하게 신앙생활 하도록 내버려 두었으면 좋겠다고 투덜거리는 사람도 많다. 기억하라. 주님은 우리가 미워서 훈련을 시키시는 것이 아니다. 모든 것은 우리의 찬란한 미래를 위한 과정이다. 이상히 여기지 말라. '사랑하는 자들아 너희를 연단하려고 오는 불 시험을 이상한 일 당하는 것 같이 이상히 여기지 말고(베드로전서 4:12).' 우리가 고생하고 수고한 만큼 우리는 더 나은 인생을 위해 훈련되고 있는 것이다. 의미 없는 고생과 수고는 없다.

예수께서 얼마나 혹독하게 제자들을 훈련시키셨는가? 제자들은 말씀을 배웠다. 전도를 나갔다. 기도하여 귀신을 내어 쫓는 훈련도 했다. 말씀을 깨닫지 못할 때 꾸중도 많이 들었다. 기도의 능력이 나타나지 않을 때 심한 책망도 당했다. 그들은 풍랑이 이는 갈릴리 호수를 항해하면서 두려워한다고 욕도 먹었다. '이에 제자들에게 이르시되 어찌하여 이렇게 무서워하느냐 너희가 어찌 믿음이 없느냐 하시니(마가복음 4:40).' 풍랑이 이는 호수에서 항해할 때 두려워하지 않을 사람이 있겠는가? 참 억울했을 것이다. 제자들은 또한 예수님께서 기도하시던 겟세마네 동산에 따라가서 피곤하여 잠에 빠지기도 했다. 얼마나 피곤하면 주님께서 땀이 핏방울과 같이 되도록 기도하실 때 잠이 들었겠는가? 예수님께서는 그만큼 호되게 그들을 훈련시키시고 책망도 많이 하셨다. '대답하여 이르시되 믿음이 없는 세대여 내가 얼마나 너희와 함께 있으며 얼마나 너희에게 참으리요(마가복음 9:19).' 제자들은 많이 실수하고 넘어지고 예수님을 부인하기도 했다. 하지만 가룟 유다 한 사람만 제외하고 모두가 부활의 주님을 만날 때까지 훈련의 수고를 계속했다. 이 모든 훈련의 과정이 지나고 난 후 제자들은 성령이 충만하여 놀라운 능력으로 주의 복음을 전할 수 있었다. 말씀을 전할 때 삼천 명 오천 명이 회개하고 돌아와 세례를 받았다. 신앙의 길에 있는 수고와 고생을 오히려 기쁘게 여기라. 분명한 대가를 얻게 될 것이다.

영적 훈련의 방해요소

이제 수고를 마다하지 않고 영적으로 훈련되기를 소망하게 되었는가? 그렇다면 우리의 소망을 무너뜨리는 영적 훈련의 방해 요소를 알아야 할 차례이다. 영적 훈련을 방해하는 가장 큰 원인은 영적 교만이다. 의외로 많은 신앙인들이 자신에게는 말씀과 기도를 배우는 기초적인 신앙의 훈련이 필요 없다고 생각한다. 필요하지만 다른 일보다 그렇게 중요하지 않다고 생각한다. 지금 충분히 많은 시간을 투자하고 있다고 생각한다. 지금 자신의 상황에서 더 많은 시간과 노력을 신앙의 훈련에 투자하는 것은 불가능하다고 단정한다. 다른 사람들과 비교할 때 '나 정도면 열심히 하는 거지' 라고 생각한다. 이러한 영적 교만은 우리 인생이 위대해지는 것을 막는 가장 큰 방해 요소이다.

예수님과 만난 한 청년이 스스로의 신앙에 도취되어 예수님께서 요구하신 훈련을 포기했다. '그 청년이 이르되 이 모든 것을 내가 지키었사온대 아직도 무엇이 부족하니이까(마태복음 19:20).' 그는 스스로 하나님의 말씀을 잘 지키고 있다고 생각했다. 하나님을 사랑하는 마음도 없고 이웃을 사랑하는 삶이 훈련되지도 않았는데 자신에게 아무 문제가 없다고 생각한 것이다. 이러한 영적인 교만은 그로 하여금 예수께서 요구하신 훈련의 과정을 포기하게 만들었다. 그는 재물을 의지하는 마음과 나누지 못하는 마음을 버리는 훈련을 하지 못했다. 그의 삶은 거기서 끝났다. '예수께서 이르시되 네가 온전하고자 할진대 가서 네 소유를 팔아 가난한 자들에게 주라 그리하면 하늘에서 보화가 네게 있으리라 그리고 와서 나를 따르라 하시니 그 청년이 재물이 많으므로 이 말씀을 듣고 근심하며 가니라(마태복음 19:21-22).'

진정한 신앙은 하나님과 이웃을 사랑하라는 말씀이 삶으로 표현되는 것이며, 이 세상의 더러운 습관으로부터 자신을 지키는 것이다. '하나님 아버지 앞에서 정결하고 더러움이 없는 경건은 곧 고아와 과부를 그 환난 중에 돌보고 또 자기를 지켜 세속에 물들지 아니하는 그것이니라(야고보서 1:27).' 과연 우리가 온전히 훈련되었는가? 세속의 정욕에 이끌리지 않는가? 자기만 사랑하여 이웃에게 작은 것을 베풀기도 힘들지 않는가? 작은 도움을 줄 시간도 내지 못하고 있지 않는가? 작은 일도 용서하지 못하고 있지 않는가? 오히려 시기하고 질투하고 있지 않는가? 그렇다면 우리는 영적 교만을 버리고 기초부터 훈련되어져야 한다. 세계 선교를 위해 힘쓰면서도 늘 스스로를 '죄인 중에 괴수'라고 하며, 날마다 자신이 죽는 훈련에 힘썼던 바울과 같이 영적으로 훈련되어야 한다.

다음으로 영적 훈련을 방해하는 요소는 사생활에 얽매이는 것이다. 나라를 위해 부름을 받은 군인에게 훈련은 필수이다. 따라서 군인은 전화나 TV는 물론이고 모든 사생활을 포기하고 나라를 위해 훈련에 열중한다. 군인이 자기 생활에 얽매인다면 결코 훌륭한 군대를 이룰 수 없다. '병사로 복무하는 자는 자기 생활에 얽매이는 자가 하나도 없나니 이는 병사로 모집한 자를 기쁘게 하려 함이라(디모데후서 2:4).' 바울은 우리가 영적 군사로 훈련되어야 한다고 말한다. 그러기 위해서는 사생활을 포기할 수 있어야 한다. 군대에서 제일 문제를 일으키는 사람은 누군가? 사회 생활하면서 자신이 해왔던 사사로운 일들을 잊지 못하는 사람이다. 군대에서 헤어진 애인을 생각하며 침울해지는 사람은 나라를 지킬 수 없다. 군대에서 자신이 하고 싶은 것을 다 즐기려는 사람은 훈련된 군사가 될 수 없다.

하나님의 부르심을 받은 우리는 하나님의 군사이다. 하나님께서는 우리를 훈련시켜 위대한 인재로 양성하길 원하신다. 그 이유는 무엇인가? 사단의 세력에 대항하여 의롭고 선한 하나님의 뜻을 이루시기 위함이다. 훈련되지 않은 사람은 하나님의 뜻에 사용되지 못한다. 우리가 버려야 할 것은 우리의 사사로운 생활의 즐거움들이다. 쉬고 싶은 욕구, 잠에 대한 미련, 먹고 마시는 쾌락에 대한 소망, 세상의 헛된 즐거움에 대한 갈망을 버려야 한다. 사사로운 일에 얽매이면 훈련 받을 시간이 없다. 영적 훈련을 방해하는 요소들을 버리고 강하고 담대한 영적 군사로 훈련 받으라. 하나님을 기쁘게 하는 인생을 살아가면 많은 행복과 보람을 누릴 것이다.

영적 훈련의 도구

영적 훈련에는 특별한 도구가 필요한 것이 아니다. 말씀과 기도 밖에 없다. 우리에게는 육체의 욕망을 따라 많은 죄악이 남아 있다. '육체의 일은 분명하니 곧 음행과 더러운 것과 호색과 우상 숭배와 주술과 원수 맺는 것과 분쟁과 시기와 분냄과 당 짓는 것과 분열함과 이단과 투기와 술취함과 방탕함과 또 그와 같은 것들이라(갈라디아서 5:19-21).' 이러한 죄악의 행위는 언제든지 우리의 삶을 망칠 준비를 하고 있다. 우리는 무엇으로 훈련되어 아름다운 하나님의 도구가 될 수 있을까?

다시 강조하지만 말씀과 기도이다. '청년이 무엇으로 그의 행실을 깨끗하게 하리이까 주의 말씀만 지킬 따름이니이다(시편 119:9).' '이로 말미암아 모든 경건한 자는 주를 만날 기회를 얻어서 주께 기도할지라 진실로 홍수가 범람할지라도 그에게 미치지 못하리이다(시편 32:6).' 우리를 영적으로 훈련시킬 수 있는 다른 도구들은 없다. 말씀은 하나님의 뜻을 깨닫게 하며 삶을 정결하게 한다. 기도는 우리에게 말씀을 실천할 수 있는 영적인 능력을 준다.

말씀을 배워 삶에 실천하는 훈련은 그리 쉬운 일이 아니다. 영적으로 성장하여 하나님의 사명을 감당하는 영적인 능력을 소유하는 것은 힘든 일이다. 용서해야 할 때 용서하는 것이 쉬운가? 담대해야 할 때 담대한 것이 쉬운가? 유혹이 찾아올 때 이기는 것이 쉬운가? 따라서 우리는 훈련되어야 한다. 지식이 없어서 실패하는 사람은 없다. 아이들에게 물어보라. 나눠줘야 하니? 혼자 다 먹어야 하니? 모든 아이들은 나눠줘야 한다고 말한다. 하지만 실제로 나눠줄 수 있는 아이는 많지 않다. 말씀과 기도로 하나님의 능력을 받으라. 그래야만 위대한 미래를 소망할 수 있다.

물론 이러한 훈련에는 많은 수고가 따를 것이다. 하지만 훈련을 결단하고 완주하면 지금 누리지 못한 엄청난 것들을 누릴 수 있게 된다. 이제 세분화된 주제로 나누어 영적 훈련의 지침들을 제시하려고 한다. 부디 영적으로 훈련되어 찬란한 미래의 주인공이 되라.

Part 02

믿음으로
극복할 것들

• 제3장

환경을 극복하라

때문에 병

나는 '때문에'라는 말을 많이 들어왔다. 사회에서 뿐만 아니라 교회에서도 '때문에'라는 말을 쉽게 들을 수 있다. '때문에'라는 말의 앞에는 주로 무슨 말이 열거 되는가? 상황에 대한 설명이다. '교회에 가야 되는 것은 알지만 직장 때문에...' '어려운 이들을 섬겨야 되는 것은 알지만 다른 일 때문에...' '공부를 했어야 했는데 가정 형편 때문에...' '신앙생활을 해야 하는데 먹고 사는 일이 바쁘기 때문에...' '큰 비전을 꿈꾸며 살았어야 하는데 기회가 주어지지 않았기 때문에...' 당신이 '때문에'라는 말을 많이 사용한다면 당신은 늘 상황을 핑계대며 살아가는 사람이다. 이대로 살아간다면 하나님께서 약속하신 찬란한 미래를 기대할 수 없다는 것을 잘 알고 있을 것이다. '때문에'를 연발하는 것은 하나의 병이다. 그 병을 '때문에 병'이라 부르고 싶다.

이렇게 우리가 핑계의 구실로 이용하는 상황을 총칭해서 환경이라 말할 수 있다. 많은 사람들은 환경에 적응하거나 순응하며 살아간다. 하지만 우리의 인생에 찬란한 미래를 보장 받으려면 먼저 환경을 극복하는 훈련을 해야 한다. '때문에 병'으로 인생을 망칠 수 없다. 우리는 모두 어쩔 수 없는 어떤 특정한 환경 속에서 태어난다. 우리가 처한 환경은 나라, 시대와 같은 것에서부터, 직장과 가정과 같은 공동체, 성격과 외모 같은 것에 이르기까지 다양하다. 우리에게 그러한 환경이 만족스럽다면 좋겠지만, 완벽한 환경에서 살아가는 사람은 이 세상에 없다. 대부분의 사람들은 그러한 환경을 자신의 실패에 대한 핑계로 이용하며 살아간다. 불리한 환경이 심리적 위안거리가 되는 셈이다. 게다가 그러한 환경이 당분간 혹은 영원히 바꿀 수 없는 경우가 많기 때문에, 환경에 굴복하며 살아가면 불평과 원망이 가득하며 아무 것도 성취할 수 없는 삶이 되기 쉽다.

신앙인에게 있어서도 환경에 지배되어 아무 능력도 발휘하지 못하는 무력한 삶은 여전히 맹위를 떨치고 있다. 우리는 자신이 믿음 안에서 성공적인 삶을 살아갈 수 있다고 생각한다. 하지만 그럴 수 없는 이유는 믿음에 좋은 영향을 미치지 못하는 가족들, 돈에 집착할 수밖에 없는 가정 형편, 믿음을 지킬 수 없는 직장의 환경 때문이라고 생각한다. 자신을 둘러싼 환경이 성공적인 믿음의 생활을 불가능하게 한다고 불평한다.

이런 생각을 바꾸지 않는 이상 우리의 삶은 실패로 끝나고 말 것이다. 우리에게 문제가 되는 것은 환경이 아니다. 환경을 극복하는 믿음의 훈련이 문제인 것이다. 누구나 믿음 안에서 성공적인 삶을 살아가는 것을 방해하는 환경적 요소들을 가지고 있다. 우리는 그 환경적 요소들 때문에 실패하는 것이 아니다. 환경을 극복하지 못하기 때문에 실패하는 것이다. 맥킨토시 컴퓨터, 애니메이션 영화 토이 스토리, 아이폰 등을 만든 애플의 CEO 스티브 잡스는 미혼모에게서 태어나 입양되었다. 어린 시절 그는 기계를 고치고 만드는 재능을 학교에서 알아주지 않아 문제아 취급을 당했다. 또한 자신이 만들어 성장시킨 회사에서 강제로 사퇴할 수밖에 없는 불운을 겪었던 사람이다. 하지만 그는 모든 환경의 불리함을 극복하고 세계적인 경영인으로 우뚝 섰으며, 많은 젊은이들의 역할모델이 되고 있다. 그가 믿음으로 환경을 극복했는지는 중요하지 않다. 세상에는 하나님을 믿지 않고도 스스로의 의지로 환경을 극복한 사람들이 많이 있기 때문이다.

하물며 온 세상 만물을 창조하시고 주관하시는 하나님을 믿는 신앙인들이 환경에 굴복하며 살아간다면 얼마나 불쌍한 일인가? 신앙인에게는 환경을 극복하는 믿음이 필요하다. 우리가 하나님의 도우심으로 어떤 환경도 극복할 수 있다는 믿음을 가지고 있다면 누구나 위대한 삶을 살 수 있다. 하나님께서는 우리의 삶에 위대한 계획을 가지고 계시기 때문이다.

환경에 지배당하는 그리스도인

사사기에 보면 삼손이라는 인물이 나온다. 삼손은 엄청난 힘을 소유했던 사람이다. 하지만 그는 하나님께서 주신 사명을 소홀히 하고 쾌락에 빠져 살다가 모든 힘을 잃어버렸다. 사사기 16장에 묘사된 삼손의 모습은 처참하기 이를 데 없다. 삼손은 하나님을 모르는 이방인들에게 사로잡혀 있다. 아무 저항할 힘도 남아 있지 않았다. 두 눈은 모두 뽑혀 버렸다. 거대한 놋줄이 그를 결박하고 있다. 삼손은 감옥에 갇혀 있다가 간혹 나와서 사람들을 즐겁게 하며 목숨을 유지하고 있었다. 삼손의 환경은 절망적이다. 어떤 가능성도 보이지 않는다.

이러한 삼손의 모습은 환경에 지배되어 아무런 영적 능력을 발휘하지 못하는 무력한 현대 그리스도인의 모습을 보여주고 있다. 아무런 비전도 없이 그저 먹고 살기 위해 세상의 악한 질서에 굴복하며 살아가는 삼손의 모습은 바로 우리의 모습이다. 대부분의 사람들은 이렇게 환경에 지배되어 버린다. '대저 그 마음의 생각이 어떠하면 그 위인도 그러한즉(잠언 23:7).' '무릇 그 마음의 생각이 어떠하면 그의 사람됨도 그러하니(표준새번역).' 'For as he thinketh in his heart, so is he(KJV).' 우리는 생각을 바꿔야 한다. 환경을 극복할 수 있다는 믿음을 가져야 한다. 자신에게 주어진 환경 속에서 어쩔 수 없다고 생각하며 살아가면 그것이 바로 우리의 삶의 결과가 되어 버린다고 잠언 말씀은 경고하고 있다. 충격적인 말씀이다. 환경을 넘어설 수 없다는 우리의 잘못된 생각의 결과가 우리의 삶을 멸망으로 이끌고 간다는 것이다.

환경에 따라 생각하는 것은 이성적 판단이 아니라 '육신의 생각'이다. '가난하니까 나눌 수 없다. 바쁘니까 섬길 수 없다. 나는 특별한 재능이 없으니까 하나님께 영광을 돌리는 특별한 삶을 살 수 없다.' 이러한 생각은 자신의 환경에서 나온 생각이다. 이러한 생각은 육신의 생각이다. 육신의 생각은 하나님과 원수가 된다. '육신의 생각은 하나님과 원수가 되나니 이는 하나님의 법에 굴복하지 아니할 뿐 아니라 할 수도 없음이라(로마서 8:7).' 육신의 생각은 하나님의 말씀을 무력화시킨다. 육신의 생각은 하나님의 말씀이 우리의 삶에 이루어지지 못하게 하는 가장 중요한 장애물이다. 그렇게 환경에 따라 육신의 생각을 가지고 살아가면 그 생각이 우리의 삶을 파괴하며, 하나님께서 주신 축복을 누리지 못하게 한다. '땅이여 들으라 내가 이 백성에게 재앙을 내리리니 이것이 그들의 생각의 결과라 그들이 내 말을 듣지 아니하며 내 율법을 거절하였음이니라(예레미야 6:19).' 이스라엘 백성들은 자신들의 환경에 따라 생각하고 판단했다. 그 생각이 하나님의 말씀을 넘어서서 이스라엘 백성들을 지배했다. 그들은 하나님의 말씀을 순종할 수 없었고, 환경에 따라 살아가다가 하나님께서 주시는 재앙을 맞이할 수밖에 없었다. 이것은 광야에서 방황하던 이스라엘 백성들의 운명이기도 했고, 이 시대 많은 그리스도인들의 운명이기도 하다.

  우리는 생각을 바꾸어야 한다. 우리는 환경을 넘어서서 믿음으로 생각하는 연습을 해야 한다. 환경 안에서 생각하는 것은 좋지 않은 삶의 결과를 낳는다. 우리가 환경을 극복하기 위해서는 하나님의 말씀으로 생각하는 연습을 해야 한다. '악인은 그의 길을, 불의한 자는 그의 생각을 버리고 여호와께로 돌아오라 그리하면 그가 긍휼히 여기시리라 우리 하나님께로 돌아오라 그가 너그럽게 용서하시리라(이사야 55:7).

환경을 극복하는 믿음

삼손은 정말 절망적인 환경 가운데 있었다. 하지만 그는 이러한 절망적인 환경을 극복하고 위대한 믿음의 조상으로 기억될 수 있었다. 그는 어떻게 환경을 극복하였는가? 간단하다. 그는 자신을 바라보고 계신 하나님께로 돌이켰다. 세상의 쾌락과 즐거움을 따라 살아가던 자신의 생각을 버리고, 하나님을 향하여 믿음의 나래를 펼쳤다. 믿음이란 어떠한 환경에서도 환경을 넘어서서 하나님을 생각하는 것이다. 그게 쉽게 되는 일인가? 이렇게 따질 수 있을 것이다. 물론 쉽지 않다. 어떤 환경에 처해 있으면서 어떻게 환경을 넘어서서 하나님만 생각할 수 있는가? 쉽지 않다. 그렇기 때문에 훈련해야 한다. 의식적으로 환경에 굴복하는 자신을 하나님 앞으로 끌고 가서 말씀과 기도로 하나님을 바라보는 훈련을 해야 한다. 그렇게 우리의 생각이 바뀌면 인생이 바뀌기 시작한다.

삼손은 블레셋 사람들의 신전에 잡혀 있었지만 하나님을 생각하기 시작했다. 자신을 불임의 가정에서 태어나게 하셨던 하나님을 기억했다. 자신을 나실인으로 구별하여 거룩하게 사용하시려 했던 것을 기억했다. 자신에게 엄청난 힘을 주셨던 것을 기억했다. 자신의 힘을 통해 하나님의 백성들을 구원하도록 하셨던 것을 기억했다. 그의 생각이 하나님을 향하자 새로운 세계가 그의 마음에 열렸다. 자신의 환경을 극복할 수 있다는 자신감이 생겼다. 그는 환경에 굴복하여 육신의 생각에 갇혀 있다가, 영의 생각으로의 전환을 경험하게 되었다. 그는 자신의 환경에서 상상할 수 없는 것을 생각했다. 그는 하나님 안에서 자신이 강하게 될 수 있음을 믿게 되었다. 그는 하나님의 영광을 위해 블레셋을 이길 수 있다는 확신을 갖게 되었다. 이전에 힘이 강할 때는 자신의 힘으로 세상의 쾌락을 취하는 육신의 생각에 사로잡혀 있었지만 이제는 달라졌다. 하나님을 생각하고, 하나님께서 자신에게 하실 일들을 기대했다. 그는 이렇게 믿음으로 새로운 일들을 기대하고, 그 일에 자신이 헌신되기를 소망하게 되었다. 삼손은 하나님을 생각함으로 환경을 극복하는 믿음을 갖게 되었다.

그는 하나님을 생각하고 기도함으로 놀라운 일을 이루게 되었다. 그는 하나님께 '주 여호와여 구하옵나니 나를 생각하옵소서 하나님이여 구하옵나니 이번만 나를 강하게 하사 나의 두 눈을 뺀 블레셋 사람에게 원수를 단번에 갚게 하옵소서'라고 기도했다. 그의 생각이 하나님을 향하자 생각의 변화가 일어나고, 기도의 변화가 일어났다. 결국 삼손은 우상 숭배의 온상이었던 블레셋 다곤 신전을 무너뜨리게 되었다. 최후의 승리자가 진정한 승리자이다. 삼손은 승리자로 기억될 수 있었다. 우리의 생각 속에 하나님께서 자리하시면, 모든 상황을 넘어 환경을 이기는 창조적 상상력이 시작된다. 우리는 하나님을 생각하여 환경을 넘어서는 믿음을 가지고 세상에서 신앙으로 성공하는 사람이 될 수 있다. 우리의 생각이 바뀌어 환경을 극복하는 믿음을 훈련하려면 어떻게 해야 하는가?

환경을 극복하는 방법

우리는 늘 환경만 바뀌면 잘 할 수 있을 거라 생각한다. 하지만 환경은 잘 바뀌지 않는다. 부유해지면, 여유가 생기면, 한가해지면, 이번 일이 끝나면… 우리는 늘 이렇게 생각하지만, 그런 환경은 우리에게 쉽게 주어지지 않는다. 또한 환경이 바뀌더라도 우리의 생각이 바뀌지 않으면 소용이 없다. 또 다른 새로운 환경이 우리의 발목을 잡을 것이다. 우리는 환경이 바뀌기를 기대하지 말고, 환경을 극복하는 믿음을 훈련해야 한다. 어떤 훈련을 해야 하는가?

하나님을 생각하라

'너희는 여호와께서 너희를 위하여 행하신 그 큰 일을 생각하여 오직 그를 경외하며 너희의 마음을 다하여 진실히 섬기라(사무엘상 12:24).' 우리가 환경을 극복하고 믿음에 서기 위해서는 하나님을 생각해야 한다. 하나님께서 지금까지 우리에게 하신 일을 생각하면서, 앞으로 하나님께서 하실 일을 기대하는 연습을 하라. 이스라엘 민족이 골리앗이라는 환경 앞에 좌절해 있을 때, 다윗은 그 환경을 넘어섬으로 놀라운 인생을 시작할 수 있었다. 다윗은 골리앗 앞에 서서 과거에 자신에게 하나님께서 하신 일들을 기억했다. 양을 칠 때 사자나 곰을 이기게 하셨던 하나님을 생각했다. 그 생각 속에서 골리앗이라는 환경을 넘어설 수 있다는 믿음의 상상력이 시작된 것이다. 다윗은 하나님을 생각했기 때문에 환경을 극복하고 성공한 것이지, 좋은 환경이 주어졌기 때문에 성공한 것이 아니었다.

실패하는 인생은 늘 환경만을 바라본다. 자신이 실패하는 이유를 '환경 때문'이라고 둘러대기 바쁘다. 그렇게 하면 잠시 기분은 좋아지고, 다른 사람들에게 체면도 설 것이다. 하지만 그게 끝이다. 하나님을 생각하라. 그러기 위해 계속 교회에서 말씀을 듣고 기도하며, 어느 곳에서든지 하나님을 생각하는 훈련을 하라. 처음에는 환경이 하나님 생각하는 것을 가로막겠지만, 계속 훈련하다보면 당신의 생각이 바뀌어 있는 것을 발견하게 될 것이다. 생각이 바뀐 자신을 발견하게 된다면, 모든 일에 성공적인 자신을 발견하게 될 것이다.

하나님을 바라보면 환경을 넘어설 수 있는 놀라운 가능성이 펼쳐지게 된다. 하나님께서 하실 일들을 기대하게 된다. 자신의 무능력이 아니라 하나님의 능력이 보인다. 자신의 가난함이 아니라 하나님의 부요함이 보인다. 자신의 무지함이 아닌 하나님의 지혜가 보인다. 우리의 생각은 놀라운 미래의 가능성으로 빛나게 되며, 모든 것의 원천이신 하나님께 순종하게 된다. 순종하면 하나님께서 약속하신 미래를 얻게 된다.

기도로 성령의 생각을 구하라

'아무 것도 염려하지 말고 다만 모든 일에 기도와 간구로 너희 구할 것을 감사함으로 하나님께 아뢰라 그리하면 모든 지각에 뛰어난 하나님의 평강이 그리스도 예수 안에서 너희 마음과 생각을 지키시리라(빌립보서 4:6-7).' 환경에 정복당한 성도는 하나님께 기도하지 못한다. 늘 환경을 불평하며 자포자기한다. 어차피 안 될 일을 위해 기도하는 사람이 어디 있겠는가? 기도는 소망이 있어야 할 수 있다. 환경을 불평하고 원망하지 말고, 소망을 가지고 기도하라. 아무 소망이 없어도 기도를 훈련하라. 훈련하면 된다.

우리가 하나님을 바라보며 기도할 때, 우리는 우리를 위하여 기도하시는 성령님의 생각을 깨닫게 된다. 심지어 우리가 연약하여 온전히 기도하지 못할 때에도, 성령님께서 하나님의 뜻대로 우리를 위해 기도해 주신다고 약속하셨다. '이와 같이 성령도 우리의 연약함을 도우시나니 우리는 마땅히 기도할 바를 알지 못하나 오직 성령이 말할 수 없는 탄식으로 우리를 위하여 친히 간구하시느니라 마음을 살피시는 이가 성령의 생각을 아시나니 이는 성령이 하나님의 뜻대로 성도를 위하여 간구하심이니라(로마서 8:26-27).' 기도하면 성령님의 인도하심이 주어진다. 성령님의 인도하심을 믿고 따라가면 좌절과 절망에서 벗어나 놀라운 일들을 체험할 수 있다. 우리가 상상할 수도 없는 놀라운 하나님의 섭리를 누릴 수 있게 된다. 하나님께서는 기도하는 사람의 생각을 지키신다. 우리의 생각 속에 침투하려는 사탄의 생각들, 절망과 좌절과 포기와 근심과 염려를 성령님께서 막아주신다. 그래서 우리에게는 다시 일어설 수 있는 소망이 생긴다.

말씀대로 생각하라

환경을 극복하는 믿음은 말씀대로 생각할 때 우리의 것이 될 수 있다. '하나님의 말씀은 살아 있고 활력이 있어 좌우에 날선 어떤 검보다도 예리하여 혼과 영과 및 관절과 골수를 찔러 쪼개기까지 하며 또 마음의 생각과 뜻을 판단하나니(히브리서 4:12).' 하나님의 말씀은 우리의 생각을 바꾼다. 하나님의 말씀을 배우고 훈련하면 우리의 생각이 육신의 세계에서 영의 세계로 옮겨진다.

우리의 생각은 과거와 현재의 환경에 얽매여 있는 경우가 많다. 우리가 겪었던 가난과 결핍과 고통과 무능력이 우리의 생각을 지배한다. 그러나 우리의 과거가 우리의 생각을 좌우하지 못하게 해야 한다. 그것들로 우리의 미래를 옥죄지 말아야 한다. 그것은 육신의 생각이다. 가난한 과거에 영향을 받아 돈이 많으면 행복할 것이라는 생각을 갖지 말라. 아름답지 않은 외모 때문에 외모를 고치면 행복해질 것이라는 생각에 빠지지 말라. 나는 부족하기 때문에 아무 것도 할 수 없는 사람이라는 생각에 빠지지 말라. 그러한 생각이 우리의 미래를 망친다. 그것들로부터 해방되기 위해서 말씀대로 생각하는 훈련을 하라. 그러면 당신의 미래가 바뀔 수 있다.

나의 큰아버지는 돈이 전부라고 생각하셨던 분이다. 돈이 있으면 자녀들도 훌륭하게 키울 수 있고, 행복한 삶을 살 수 있다고 생각하셨다. 그래서 할아버지의 유산에도 욕심을 부렸고, 형제들과도 사이가 벌어졌다. 그러나 그 생각이 좋지 않은 삶의 결과를 만들었다. 자녀들조차 그가 의도한 대로 되지 않았다.

반면 나의 아버지는 믿음이 전부라고 생각하셨던 분이다. 돈이 없어도 하나님께서 함께 하시면 자녀들이 훌륭하게 자랄 것이라고 믿으셨다. 좋은 학군에 보내지 않아도 하나님께서 함께 하시고 비전을 주시면 하나님의 영광을 위하여 일하는 사람이 될 것이라 생각하셨다. 나는 그러한 믿음에 따라 목회자가 되었고, 부족한 나의 인간됨에도 불구하고 많은 사람들을 주님께로 인도하는 데 쓰임 받고 있다. 내 동생도 의료선교를 위해 힘쓰는 의사로 쓰임 받고 있다. 앞으로도 말씀대로 생각하는 훈련을 통해 아버지와 같은 믿음을 소유하면 더욱 놀라운 일이 펼쳐질 것이라 확신한다.

환경을 넘어서는 믿음을 가지라. 환경은 항상 나를 둘러싸고 있다. 하지만 환경에 갇히지 말고 밖으로 나오라. 말씀대로 생각하기를 훈련하라. 영의 세계로 나와서 자신의 환경을 보라. 우리에게 주어진 환경은 영원한 것이 아니다. '우리가 잠시 받는 환난의 경한 것이 지극히 크고 영원한 영광의 중한 것을 우리에게 이루게 함이니 우리가 주목하는 것은 보이는 것이 아니요 보이지 않는 것이니 보이는 것은 잠깐이요 보이지 않는 것은 영원함이라(고후 4:17-18).' 영원한 것은 하나님과 그의 말씀뿐이다. 따라서 말씀대로 생각하면 영원히 성공적인 삶을 살아갈 수 있게 된다.

• 제4장
상처를 극복하라

상처란 무엇인가?

상처란 어떤 일련의 사건이나 주변의 환경에 반응하면서 마음에 생긴 흔적이다. 사람은 수많은 일을 겪고 살아간다. 천재지변의 사고를 당하기도 한다. 어쩔 수 없는 질병과 장애를 겪기도 한다. 각종 폭력과 억압을 당하기도 한다. 우리 주위에는 갑작스런 사고로 가족을 잃어버린 사람들도 있고, 질병과 사고로 장애를 입은 사람들도 많이 있다. 부모와 친구들에게 버림을 당한 아픔을 짊어지고 사는 사람들도 많다. 사람은 모두 일정한 환경에 놓이게 된다. 불우하고 가난한 가정환경에서 성장할 수도 있다. 배타적인 주변 분위기 속에서 자랄 수도 있다. 자신의 마음을 이해받을 곳 없이 성장할 수도 있다. 이렇게 우리가 매일 겪는 사건들과 우리가 자라온 환경 중에 일부는 우리의 마음에 큰 고통의 흔적을 남긴다. 그것을 상처라고 할 수 있다.

상처의 영향력

이런 사건들과 환경 속에 살아가면서 우리는 개개인의 성향에 따라 대처하는 방법을 만들어낸다. 나름대로 이겨내는 방법을 찾아가는 것이다. 마음에 상처를 남길만한 일들을 전혀 겪지 않고 살아가는 사람은 없다. 따라서 우리 모두는 상처에 대처하는 방법을 가지고 있다. 그 방법은 크게 두 가지로 생각해 볼 수 있다.

첫째, 깊은 마음의 아픔을 세상과의 소통 없이 스스로 견디는 것이다. 주로 내성적이며 소극적인 성향의 사람들이 그러하다. 세상에 자신의 아픔을 드러내지 않는다. 마음의 아픔은 인생의 길이만큼 커져 간다. 마음 속에 부정적 신념들이 쌓이고 좌절감이 가득하게 된다. 세상에 대한 적대감이 쌓인다. 부정적인 기억들이 머리에서 떠나지 않는다.

이러한 유형의 사람들 중에 많은 경우는 스스로 모든 감정들을 삭히고 남들에게 문제를 일으키지 않는다. 하지만 때로 이런 상처들이 폭력의 형태로 표출되는 경우도 있다. 보통 상처를 많이 받는다는 사람의 유형이다.

둘째, 자신에게 영향을 주는 사건이나 환경 자체를 무시하려 노력하며 자신은 상처받지 않는다고 당당한 태도를 유지하는 것이다. 이러한 태도는 주로 자존심이 세고 외향적이며 자신을 포장하려는 성향이 강한 사람들에게 나타나는 태도이다. 부정적 기억들은 빨리 잊으려고 노력한다. 자신에게 주어진 일들에 매진하면서 상처를 처리하려 한다. 상처를 받을 만한 일들을 잘 시도하지 않는다. 자신에게 상처를 주는 사람들은 무시해 버린다. 이런 사람들은 보통 상처를 많이 받지 않는다고 여겨지는 유형이다.

어떤 유형에 속하든지 사람은 누구나 사건들과 환경들로부터 마음에 상처를 입는다. 문제는 상처를 잘 해결하지 못하면 그것이 우리의 삶에 무의식적으로 매우 부정적인 영향을 미치게 된다는 것이다.

신뢰하는 사람들에게 받은 상처를 두려워하여 같은 상처를 받지 않기 위해 깊은 인격적 관계를 피할 수도 있다. 사랑에 상처받은 사람이 누구에게도 깊은 사랑과 헌신을 하지 않으려는 경우가 이에 해당한다. 자신이 고통 당했던 환경이나 조건을 개선하는 데 모든 인생을 허비하기도 한다. 가난해서 무시당했던 사람이나 배우지 못해 차별을 당했던 사람이 그러한 환경을 개선하기 위해 일평생을 돈과 배움에 매진한다든지, 외모 때문에 아픔을 당했던 사람들이 성형에 매달리는 경우이다. 배신당하지 않으려고 다른 사람들을 믿지 않거나 사랑하지 않게 되는 경우도 있다. 무시당하지 않기 위해 높은 자리에 올라가려고 무슨 일이든 하게 될 수도 있다. 심한 경우는 대구지하철 참사를 일으킨 사람과 같이 세상에 대한 적대감을 악한 방법으로 표출시키다가 인생 자체를 불행하게 마감할 수도 있다.

상처의 결과

상처는 결국 마음속에 스스로도 잘 인식하지 못하는 큰 병을 만든다.

첫째, 자포자기와 좌절감이다. 이것은 내면적으로 상처를 키워 스스로를 괴롭히는 사람에게 나타난다. 자신은 늘 부족한 사람이며, 다른 사람들에게 인정받을 수 없는 사람이라는 생각에 빠진다. 이 유형의 사람들은 스스로 부정적인 자아상을 형성하여 무기력에 빠진다. 내면의 에너지가 고갈되며 영적인 힘이 없어진다. 아무리 소망이 넘치는 상황이 주어져도 미래에 일어날 부정적인 일들을 염려한다. 하물며 좋지 않은 일들이 반복되면 다시 일어날 힘을 전혀 얻지 못하고 주저앉아 버린다. 주변 사람들은 이런 사람들에게 동정을 가지고 도와주려 하지만 이내 지친다. 미래를 부정적으로 인식하기 때문에 아무 일도 하지 못하고 자신의 잠재력을 발전시킬 수 없다.

둘째, 공격성이다. 상처로 인해 내면에 쌓인 감정을 표출할 수 있는 공격의 대상을 찾는다. 그 대상은 주로 가족들이나 자신을 사랑해주는 사람일 경우가 많다. 공격성을 주변에 표출하기 때문에 관계가 나빠지고 인간관계가 고립된다. 자신을 지켜줄 수 있는 마지막 보루인 가족이나 친구마저도 잃게 되는 경우도 있다.

공격성은 홀로 분노하는 등 여러 가지 소극적 방법으로 표현되기도 한다. 사람들이 없는 곳에서 자신에게 상처를 준 대상을 비난하거나 무시한다. 시니컬한 사람이 되어 주위 사람들이 부담스럽게 여기게 된다. 잘 사는 사람들을 보면 괜히 화가 나고 무엇인가 문제가 있을 거라고 생각한다. 시간이 지나면 항상 관계에 문제가 생긴다.

셋째, 이상행동이다. 무엇인가에 집착하는 편집증적 행동을 보인다. 비상식적인 소비행동을 하게 되기도 한다. 지나치게 관계에 집착하여 배우자를 부담스럽게 한다. 돈이나 외모나 학벌이나 권위에 집착을 보인다. 극단적인 상상으로 스스로 괴로움을 겪는다. 상처는 이렇게 병을 만들어낸다. 그러나 스스로는 병이라고 느끼지 못한다.

상처의 필연성

상처는 주로 자신을 둘러싸고 있는 기본적인 환경 속에서 생긴다. 가정이나 학교, 교회와 같은 가까운 곳이 주로 상처를 받게 되는 곳이다. 이런 기본적인 환경에서는 깊은 신뢰관계를 쌓는 경우가 많기 때문에 받은 상처는 더욱 파급효과가 크다.

상처는 당연히 우리에게 가장 가까운 사람들에게서 생긴다. 이유는 간단하다. 함께 많은 시간을 보내기 때문이다. 우리가 모르는 사람에게 상처받기는 힘들다. 요셉은 그의 형들과 그가 섬기던 집의 주인과 함께 감옥에서 생활하던 동료 죄수에게 상처를 받았다. 그가 생활하던 모든 공간에서 상처를 받은 것이다. 그러나 그는 그러한 문제들 때문에 좌절하고 부정적 신념 속에 사로잡혀 살지 않았다.

사실 상처를 주는 사람은 의도적이지 않은 경우가 많다. 또한 아무 상처도 주지 않을 만큼 완벽한 사람은 이 세상에 존재하지 않는다. 사실 부모나 친구, 선생님이나 상사에게 상처받지 않는다는 것은 불가능하다. 그들이 특별히 나쁘기 때문이 아니라 완벽하지 못해서이다. 누가 나의 부모였든지 누가 나의 친구였든지 누가 나의 선생님이고 상사였든지 큰 차이가 있을 수 없다. 사람은 완벽할 수 없다. 모두 자신의 입장에서 생각하고 행동할 수밖에 없는 존재이다. 그러므로 상처는 필연적이다.

그러므로 우리는 상처를 준 사람을 원망하는데 시간을 보내기 보다는 상처를 극복하려고 노력해야 한다. 물론 이것도 믿음 안에서 훈련이 필요한 부분이다. 우리 모두는 상처를 이겨내야 한다. 상처가 없는 환경에서 살 수는 없다. 사실 우리도 누군가에게는 상처를 주고 살아왔다. 자신만 상처를 많이 받았다고 억울해 할 필요는 없다. 외모에 대한 상처가 있는 사람들은 사진을 찍기 싫어한다. 돈에 대한 상처가 있는 사람들은 돈에 집착한다. 학벌에 대한 상처가 있는 사람들은 쉽게 무시당했다고 느낀다. 하지만 우리는 상처에 대처하는 이러한 일반적인 반응들을 뛰어 넘어야 한다. 나의 행동과 생각을 왜곡시키는 상처들로부터 자유해야 한다. 요셉을 통해 그 방법을 찾아보도록 하자.

상처를 극복하는 방법

앞에서도 말했지만 사람들은 모두 상처에 대처하는 방법

을 가지고 있다. 하지만 우리들이 일반적으로 선택하는 방법은 우리의 인생에 결코 도움이 되지 않는다. 사람들은 상처를 받지 않기 위해 더 이상 서로를 신뢰하지 않는다. 사랑하지 않는다. 섬기지 않는다. 하지만 이런 식의 방법은 결코 유익하지 않다. 신뢰하던 사람에게 배신당했기 때문에 더 이상 사람을 신뢰하지 않는 것은 인생을 불행하게 만든다. 상처 때문에 좌절하여 자포자기하는 마음으로 인생을 살아가면서 다른 사람들에게 책임을 돌리는 것으로는 인생을 회복시킬 수 없다. '그 때 그런 일만 없었다면 나의 인생이 이렇게 되지 않았을 텐데.' 이런 태도를 우리는 충분히 이해할 수 있지만, 미래를 위해 권장할만한 것은 아니다. 어쩔 수 없다고 말할 사람도 있을 것이다. 그래서 더욱더 훈련이 필요하다. 자신의 인생이 '입시제도 때문에 힘들어졌다', '잘못된 정부 때문에 사업이 망했다…' 이러면서 살아가는 것은 자존심을 세워줄 수 있을지는 몰라도 인생을 아름답게 만들지는 못한다.

요셉은 가정에서 커다란 상처를 받았다. 그러나 요셉은 상처를 탓하며 세상을 피하지 않았다. 다른 사람들에게 책임을 돌리며 비관적인 인생을 살지도 않았다. 자신의 문제를 회피해 버리지도 않았다. 그는 하나님을 소망하며 훌륭한 삶을 살았다.

그는 어렸을 때 버림받은 기억 때문에 늘 사람들을 의심하는 마음의 질병을 겪을 수도 있었다. 하지만 그는 그런 병을 겪지 않았다. 그는 자신의 주인 보디발을 신뢰했으며 감옥의 간수와 동료 죄수들을 도왔다. 그는 보디발에게 인정받았고, 간수들에게도 인정받았다. '요셉이 그의 주인에게 은혜를 입어 섬기매 그가 요셉을 가정 총무로 삼고 자기의 소유를 다 그의 손에 위탁하니(창세기 39:4).' '간수장이 옥중 죄수를 다 요셉의 손에 맡기므로 그 제반 사무를 요셉이 처리하고(창세기 39:22).'

그는 자신을 버렸던 형들을 원망하며 살아가지 않았다. 자신이 처한 현실을 비관하면서 살지 않았다. 심지어 억울하게 감옥에 갇혔을 때에도 보디발의 아내를 비판하거나 자신의 무죄를 믿어주지 않는 보디발과 재판장을 욕하지 않았다. 자신이 베푼 은혜를 기억하지 못하는 술 맡은 관원장도 원망하지 않았다. '술 맡은 관원장이 요셉을 기억하지 못하고 그를 잊었더라(창세기 40:23).' '내가 형들 때문에 망했다', '보디발의 아내 때문에 감옥 신세가 되었구나', '하나님께서는 왜 정직한 나를 돕지 않으시고 감옥에 갇히게 했는가', '술 맡은 관원장만 날 기억했어도 내가 감옥에서 빨리 나갔을텐데...' 이렇게 원망하며 인생을 비관하지 않았다.

그는 어떻게 상처를 극복하게 되었는가? 그는 자신이 상처를 받았던 사실을 무시하지 않았다. 외면하지도 않았다. 그는 하나님 앞에 기도하며 은혜를 구했다. 그는 자신의 인생 가운데 많은 상처와 아픔들이 있다는 것을 잘 알고 있었다. 따라서 그는 형들에게 받은 상처를 위해 기도했다. 그리하여 참다운 용서에 도달하게 되었고 그의 상처는 사라졌다. '당신들은 두려워하지 마소서 내가 당신들과 당신들의 자녀를 기르리이다 하고 그들을 간곡한 말로 위로하였더라(창세기 50:21).' 오히려 그는 형들을 위로하고 그 자녀들을 돌볼 수 있는 마음의 평안을 얻었다. 그는 자신에게 주어진 모든 상황 속에서 주님을 바라보고 가장 아름다운 방법으로 살아갔다. 요셉은 상처로 왜곡된 우리의 인생을 회복할 수 있는 매우 좋은 모델이다. 상처를 극복했던 요셉을 통해 세 가지 방법을 훈련하도록 하자.

상처를 하나님의 섭리로 받아들이라

상처는 잘 극복하면 오히려 좋은 역할을 한다. 오프라 윈프리는 자신의 상처를 극복하고, 오히려 그 상처들을 통해 아름다운 인생을 일군 인물이다. 그녀는 자신의 상처의 경험들을 통해 타인의 상처를 깊이 공감할 수 있었고, 세계적인 토크쇼 진행자가 되었다. 그녀에게 상처가 없었다면 평범한 흑인 여성으로 살아갔을 것이다. 하지만 그녀의 상처들은 잘 극복됨으로 더없는 재산이 되었다. 모든 것을 하나님의 섭리로 인정하라. 사랑에 배신당했는가? 당신은 배신 당한 사람의 마음을 알고 위로할 수 있는 인격자가 될 수 있다. 돈 때문에 고생해 보았는가? 당신은 돈이 없는 사람을 도울 수 있는 자선사업가가 될 수 있다. 요셉은 모든 역경이 하나님의 섭리였음을 인정했다. 하나님께서 모두의 생명을 보존하시려고 요셉을 먼저 애굽에 보내기 위해 형들의 배신과 같은 일들이 있었던 것임을 인정했다. '하나님이 큰 구원으로 당신들의 생명을 보존하고 후손을 세상에 두시려고 나를 당신들보다 먼저 보내셨나니 그런즉 나를 이리로 보낸 이는 당신들이 아니요 하나님이시라 하나님이 나를 바로에게 아버지로 삼으시고 그 온 집에 주로 삼으시며 애굽 온 땅의 통치자로 삼으셨나이다(창세기 45:7-8).' 역경은 상처로 남을 수 있지만 잘 극복되면 믿음으로 승리하는 인생의 좋은 재료가 된다.

바울은 자신의 질병 때문에 고통당했다. 하지만 그는 그 고통을 자신을 겸손하게 만드는 하나님의 섭리로 인정했다. 질병 때문에 좌절하고 하나님을 원망하지 않았다. '여러 계시를 받은 것이 지극히 크므로 너무 자만하지 않게 하시려고 내 육체에 가시 곧 사탄의 사자를 주셨으니 이는 나를 너무 자만하지 않게 하려 하심이라 이것이 내게 떠나가게 하기 위하여 내가 세 번 주께 간구하였더니 나에게 이르시기를 내 은혜가 네게 족하도다 이는 내 능력이 약한 데서 온전하여짐이라(고린도후서 12:7-9).' 학자들은 이것을 눈의 질병이었을 것으로 확신한다. 바울은 이 질병 때문에 아름답지 않은 외모를 가지고 있었다고 알려져 있다. 하지만 그는 상처 속에 살아간 것이 아니라 그것을 하나님의 섭리로 인정하고 감사했다. 가난으로 힘든가? 외모 때문에, 학벌 때문에 자신감이 없는가? 하나님의 섭리로 인정하라. 하나님께서 당신에게 특별한 계획을 가지고 모든 역경을 주신 것임을 믿으라.

상처에 이끌려 행동하지 말고 하나님의 말씀에 따르라

상처에 대한 반작용으로 살아가면 우리의 삶은 파멸에 이른다. 모든 관계는 나빠진다. 내가 예전에 이렇게 당했으니까 이렇게 갚아줘야지 하면 망한다. 내가 당한 것만큼 갚아주자. 내가 이렇게 당했는데 누굴 믿는가? 내가 돈 때문에 고생했으니까 돈 버는 것에 목숨을 걸어야지. 내가 어떻게 번 돈인데 남에게 나누어 주는가? 이런 생각은 망하는 생각이다.

하나님의 말씀을 따라 사랑을 베풀라. 배신을 당했더라도 또 믿으라. 돈 때문에 고생했다고 돈에 목숨 걸지 말고, 학벌 때문에 상처 받았더라도 학벌에 목숨 걸지 말라. 외모 때문에 마음이 아팠더라도 외모에 목숨 걸지 말라. 하나님의 말씀을 따라 선하고 의로운 사람이 되라. 원수라도 사랑하고 핍박하는 자를 위해 기도하라고 예수님께서 말씀하시지 않았는가? 주님의 말씀대로 사는 것이 정답이다. 상처에 이끌려 인생을 허비하면 더 불행한 인생이 기다린다.

만약 요셉이 배신당한 것만큼 되갚아주는 인생을 살았다면 그는 헐리우드 영화에 나올 만한 복수의 화신이 되어 있었을 것이다. 드라마에는 복수의 화신들이 많이 나온다. 어느 드라마 여주인공의 '복수할거야'라는 대사는 많은 여성들의 공감을 일으키며 화제가 되었다. 그것에 공감하면 망하는 인생이 된다. 말씀대로 사는 것만이 정답임을 다시 한 번 강조한다.

하나님께 위로를 구하라

상처로 가득한 우리의 인생에는 위로가 필요하다. 사람들은 술에 의지하고 쾌락에 의지하여 위로 받으려 한다. 하지만 세상의 어느 누구도 당신에게 진정한 위로자가 될 수 없다. 하나님께 위로를 구하라. 힘들고 어려운 일이 있을 때마다 하나님께 나아가라. 요셉이 얼마나 많이 기도했을까? 얼마나 많이 하나님께 나아갔을까? 요셉이 하나님께 위로를 구하는 구체적인 기도는 성경에 기록되어 있지 않다. 하지만 우리는 요셉의 기도를 충분히 상상할 수 있다. 예전에 컨티넨탈 싱어즈가 〈꿈꾸는 자 요셉〉이라는 제목으로 공연을 한 적이 있다. 요셉이 감옥에 갇혀서 기도하는 장면에서 요셉 역할을 맡은 분이 '이와 같은 때엔'을 노래했다. 이와 같은 때엔 난 기도하네 조용히 기도하네 주님께 이와 같은 때엔 손 높이 드네 손 높이 드네 주님께. 정말 좋은 예술적 상상력이라고 생각했다. 요셉은 분명 하나님께 손을 들고 기도했을 것이다. 자신을 위로해 달라고 조용히 기도했을 것이다.

하나님께서는 당신을 잘 아신다. 당신의 마음이 얼마나 아픈지도 잘 아신다. 다윗은 일평생 너무나 많은 아픔을 겪었다. 사울의 위협이 있었다. 아들의 반역도 있었다. 여러 자녀들의 죽음의 소식도 듣게 되었다. 각종 반역에 시달렸다. 무시도 당했다. 다윗은 하나님께 기도한다. '여호와여 주께서 나를 살펴 보셨으므로 나를 아시나이다 주께서 내가 앉고 일어섬을 아시고 멀리서도 나의 생각을 밝히 아시오며(시편 139:1-2).' 다윗은 자신의 상처를 위로해 달라는 기도를 많이 했다. 그래서 그는 자신을 죽이려 했던 사울의 자손을 왕궁에서 살게 할 수 있었다. 그래서 그는 하나님의 말씀대로 사랑과 정의를 실천하며 아름다운 삶을 살게 되었다.

하나님께 나아가 상처를 치유하라. 하늘의 위로를 받으라. 하나님께서 당신의 삶을 상처로부터 자유하도록 은혜를 베풀어 주실 것이다. 이제 상처에 이끌려 살아가지 말고 하나님의 말씀대로 아름다운 인생을 살아가는 축복을 얻으라.

• 제5장

분노를 극복하라

분노의 위험성

늘 행복하고 평안한 마음으로 살아갈 수 있다면 얼마나 좋을까? 하지만 모두가 죄의 본성을 가지고 이 세상에서 항상 행복한 감정을 느끼기를 기대하는 것 자체가 말도 되지 않는 사치이다. 차가 막힐 때, 길에서 누군가와 어깨가 부딪혔을 때, 컴퓨터 파일이 사라졌을 때, 누군가가 나의 이름을 퉁명스럽게 부를 때, 버스를 아깝게 놓쳤을 때, 이렇게 늘 일어날 수 있는 사소한 일에도 우리의 감정은 흔들린다. 자신의 기획서가 채택되지 않았을 때, 심한 모욕을 당했을 때, 큰 사기를 당했을 때, 우리 안에서는 각종 더러운 감정들이 요동친다. 그 더러운 감정들 중 대표적인 것이 분노라는 감정이다.

분노를 표현하든, 그렇지 않든 그것은 중요하지 않다. 중요한 것은 우리에게는 쉽게 분노라는 감정이 생긴다는 것이다.

사전적으로 볼 때 분노란 '자기 요구의 실현을 부정 및 저지하는 것에 대한 저항 결과 생기는 정서'이다. 간단히 말해 자기 마음대로 되지 않을 때 생기는 감정이다. 이것은 어린아이들에게서도 쉽게 발견된다. 아이들은 자기 마음대로 되지 않을 때 종이를 찢거나 물건을 던지거나 울어버린다.

모든 사람은 결코 분노의 감정에서 자유로울 수 없다. 신앙인들에게도 마찬가지이다. 아무 분노를 느끼지 않는 사람은 있을 수 없다.

분노라는 감정은 그 자체로 잠시 머물다가 곧 사라지면 문제가 되지 않지만, 적절하게 해결되지 않는다면 결국 큰 죄악으로 연결되어 인생을 파멸에 이르게 할 수 있다. 분노는 결코 의로운 하나님의 뜻을 이룰 수 없을 뿐 아니라 심각한 죄악을 유발할 수 있다. '사람이 성내는 것이 하나님의 의를 이루지 못함이라(야고보서 1:20).' 순간적인 분노가 살인에까지 이를 수 있다는 것을 신문과 인터넷의 보도를 통해 알 수 있다.

분노는 엄청난 죄의 행위가 우리 안에 들어오게 만드는 매개체이다. 따라서 우리는 분노라는 감정을 피할 수 없다 하더라도 그것을 통제할 수 있어야 한다. 또한 분노의 감정이 찾아오지 않도록 영적인 훈련을 해야 한다. 분노는 각종 범죄로 이어지기 때문이다. '노하는 자는 다툼을 일으키고 성내는 자는 범죄함이 많으니라(잠언 29:22).'

가인의 분노

성경에서 제일 먼저 분노의 감정이 기록된 곳은 창세기 4장이다. 가인과 아벨의 이야기를 다 알고 있을 것이다. 가인과 아벨은 하나님께 제사를 드렸다. 하나님께서 동생 아벨의 제사는 받으셨는데 형 가인의 제사는 받지 않으셨다. 가인은 하나님에 대한 섭섭함과 동생에 대한 질투심으로 분노하게 되었다. 예나 지금이나 분노의 가장 큰 특징은 안색이 변하는 것이다. 가인은 분노의 결과 안색이 변하게 되었다. '가인과 그 제물은 열납하지 아니하신지라 가인이 심히 분하여 안색이 변하니(창세기 4:5).' 자, 여기까지는 누구나 이해할 수 있다. 분노의 감정이 일시적으로 일어날 수 있는 상황이지 않은가?

분노가 위험한 감정인 이유는 다음에 계속되는 가인의 행동에 있다. 가인은 분노의 감정을 다스리지 못했다. 끔찍한 죄악의 그림자가 그를 덮쳤다. 타오르는 분노로 결국 가인은 아벨을 한적한 들로 유인하였고 인류 최초의 근친살해사건이 일어나고 말았다. 누구나 분노에 타올라 분노의 대상을 죽이고 싶은 감정에 휩싸인 적이 있을 것이다. 가인은 끔찍한 우리의 자화상이다. 분노는 우리의 삶을 가장 쉽게 파멸로 몰고 갈 수 있는 숨어 있는 시한폭탄이다.

하나님께서는 분노를 악한 행동의 가장 주요한 원인으로 지목하셨다. 또한 분노는 하나님의 저주를 촉발시킨다. 야곱은 죽음이 임박했을 때 아들들을 모두 모아 축복했다. 하지만 첫 아들인 르우벤은 아버지의 침상을 더럽혔다는 이유로 영광스런 지위를 허락받지 못했다. 둘째와 셋째였던 시므온과 레위는 분노를 이기지 못했다는 이유로 흩어져 미약한 존재가 될 것이라는 유언을 받았다. '내 혼아 그들의 모의에 상관하지 말지어다 내 영광아 그들의 집회에 참여하지 말지어다 그들이 그들의 분노대로 사람을 죽이고 그들의 혈기대로 소의 발목 힘줄을 끊었음이로다 그 노여움이 혹독하니 저주를 받을 것이요 분기가 맹렬하니 저주를 받을 것이라 내가 그들을 야곱 중에서 나누며 이스라엘 중에서 흩으리로다(창세기 49:6-7).' 시므온과 레위는 동생 디나를 성적으로 모욕한 히위 족속의 추장 세겜의 행동에 대하여 분노했고, 원수를 갚기 위하여 속임수를 써서 그 성에 사는 모든 사람들을 잔인하게 죽였다. 동생을 위한 그들의 복수극은 결국 하나님의 축복을 끊어버렸다.

분노와 복수는 하나님의 축복을 끊어버리는 가증스러운 행위이다. 오죽하면 아버지 야곱이 자식들을 축복하기 위하여 유언하는 상황에서 '저주'라는 단어를 언급했을까? 우리는 과거에 주윤발과 장국영 같은 배우들이 출연한 홍콩 영화에서 형제나 동료나 사랑하는 연인을 위해 복수하는 장면을 너무나 감동적으로 봤다. 그러나 우리는 각성해야 한다. 하나님께서는 이러한 분노와 복수를 대단히 경멸하신다.

분노의 원인

분노가 이렇게 심각한 것이라면 우리는 분노를 이길 수 있는 방법을 찾아 훈련해야 한다. 그러기 위해 먼저 분노의 원인이 얼마나 다양한지 먼저 살펴볼 필요가 있다.

성경에는 두 가지 분노가 있다. 하나는 하나님의 진노하심과 같이 의로운 분노이며, 다른 하나는 죄악을 일으키는 악한 분노이다. 하나님께서는 때로 분노하신다. 하나님의 분노를 한글 성경은 주로 '진노'라는 단어로 표현했다. '너희 중에 계신 너희의 하나님 여호와는 질투하시는 하나님이신 즉 너희의 하나님 여호와께서 네게 진노하사 너를 지면에서 멸절시키실까 두려워하노라(신명기 6:15).' 하나님께서는 하나님의 기쁘신 뜻을 향하여 하나님의 백성들을 인도하시기 위해 진노하신다. 이러한 진노를 우리가 일반적으로 경험하는 분노와 같은 차원으로 생각할 수는 없다. 하나님은 온전하시고 죄가 없으신 분이시기 때문이다.

이러한 하나님의 진노하심과 유사한 인간의 감정을 의분(義憤)이라고 말할 수 있다. 성경에서 의분은 하나님의 칭찬을 받았다. 의로운 분노는 하나님의 이름이 모욕되거나 정의가 무너질 때 하나님의 영광을 회복하려는 마음 때문에 생기는 감정이다. 우리는 비느하스와 다윗을 통해 이러한 의분을 설명할 수 있다. 비느하스는 이스라엘 백성들이 우상을 섬기며 모압 여인들과 은밀한 성적 죄악에 빠져 있을 때 의분을 발하여 하나님의 진노를 표현했다. '제사장 아론의 손자 엘르아살의 아들 비느하스가 보고 회중 가운데서 일어나 손에 창을 들고 그 이스라엘 남자를 따라 그의 막사에 들어가 이스라엘 남자와 그 여인의 배를 꿰뚫어서 두 사람을 죽이니 염병이 이스라엘 자손에게서 그쳤더라(민수기 25:7-8).' 비느하스의 행동을 현대인의 관점에서 바라보면 설명하기 어려운 점이 있지만, 중요한 것은 그가 하나님의 거룩을 회복하기 위해 하나님의 마음으로 분노했다는 점이다. 하나님께서는 그의 행위를 기뻐하셨고 영원한 제사장의 직분을 허락하셨다. '제사장 아론의 손자 엘르아살의 아들 비느하스가 내 질투심으로 질투하여 이스라엘 자손 중에서 내 노를 돌이켜서 내 질투심으로 그들을 소멸하지 않게 하였도다 그러므로 말하라 내가 그에게 나의 평화의 언약을 주리니 그와 그 후손에게 영원한 제사장 직분의 언약이라 그가 그 하나님을 위하여 질투하여 이스라엘 자손을 속죄하였음이니라(민수기 25:11-13).'

다윗도 이러한 감정을 경험했다. 그는 하나님을 모욕하는 블레셋의 장수 골리앗에게 분노했다. 그를 그냥 둘 수 없었다. 그는 여호와의 이름으로 나아가 하나님을 모욕하는 자에게 응징했다. 우리의 구주이신 예수님도 의로운 분노를 발하셨다. 그 대표적인 것이 성전을 더럽히는 자들에 대해 분노를 발하신 것이다. '예수께서 성전에 들어가사 성전 안에서 매매하는 모든 사람들을 내쫓으시며 돈 바꾸는 사람들의 상과 비둘기 파는 사람들의 의자를 둘러 엎으시고(마태복음 21:12).' 이 장면은 우리가 생각하는 선하고 인자하신 예수님의 모습을 완전히 뒤엎는 것이다. 하지만 분명 예수님의 모습이다. 예수님은 악한 일에 침묵하신 분이 아니다. 하나님의 영광이 실추되는 일들을 그냥 두고 보신 분이 아니다. 의로운 일을 위해서는 분노하실 수 있는 분이 예수님이셨다.

우리는 우리 스스로 느끼는 감정을 의분이라고 생각하고 싶을 때가 있다. 하지만 의분은 목적이 분명해야 한다. 하나님의 영광을 위한 분노여야 한다. 그 결과 죄가 사라지는 것이 의로운 분노이다. 만약 분노를 통해 하나님의 영광이 훼손되며, 결과적으로 악한 행동이 나타난다면 그것은 의로운 분노가 아니다. 사실 우리의 분노를 일으키는 일들은 대부분 하나님의 영광이 아니라 우리의 의도와 탐욕이 좌절될 때 생긴다. 지금부터 분노의 원인을 분석해 보도록 하자. 이 과정에서 우리가 가진 분노를 찾아보고, 이를 극복할 수 있는 훈련의 방법을 각자 터득해 보자.

질투심은 분노를 일으킨다

분노를 불러일으키는 가장 큰 원인은 질투심이다. 사울은 다윗이 골리앗을 이기고 사람들에게 칭송받는 것을 참지 못했다. 다윗에 대한 질투심 때문에 분노가 치밀어 올랐다. 결국 그 분노를 이기지 못하고 다윗을 죽이려고 했다. 사울의 파멸은 바로 다윗에 대한 분노를 해결하지 못한 데서 비롯되었다고 해도 과언이 아니다. 사울은 하나님의 축복을 받는 위대한 왕이 될 수 있었다. 그러나 분노로 다윗에게 창을 던지기 시작했고 결국 자신에게 창을 던져 죽인 꼴이 되고 말았다. '사울이 그 말에 불쾌하여 심히 노하여 이르되 다윗에게는 만만을 돌리고 내게는 천천만 돌리니 그가 더 얻을 것이 나라 말고 무엇이냐 하고(사무엘상 18:8).'

사울은 분노를 해결하기 위해 다윗을 죽이려 했지만 계획이 실패하자 아들 요나단에게도 분노하였다. 그는 아들에게 '패역무도한 계집의 소생아'라고 저주하기에 이르렀다. '사울이 요나단에게 화를 내며 그에게 이르되 패역무도한 계집의 소생아 네가 이새의 아들을 택한 것이 네 수치와 네 어미의 벌거벗은 수치 됨을 내가 어찌 알지 못하랴(사무엘상 20:30).' 분노로 완전히 이성을 잃은 모습. 이런 모습은 우리에게서도 찾아볼 수 있는 모습이다. 질투심에서 비롯된 분노는 그 대상이 확대되어 자기 자식에게까지 이르고 있다. 사울의 가정은 파괴되어 갔다. 그는 세상을 증오하는 사람이 되고 말았다.

우리는 쉽게 질투심의 포로가 된다. 질투심은 우리의 눈을 왜곡하여 무엇이든 삐딱하게 보게 만든다. 질투의 대상을 보면서 분노가 쌓인다. 요나 선지자는 자신이 원수같이 여기던 니느웨 사람들이 회개하는 것을 보고 하나님께 분노했다. '요나가 매우 싫어하고 성내며 여호와께 기도하여 이르되 여호와여 내가 고국에 있을 때에 이러하겠다고 말씀하지 아니하였나이까 그러므로 내가 빨리 다시스로 도망하였사오니 주께서는 은혜로우시며 자비로우시며 노하기를 더디하시며 인애가 크시사 뜻을 돌이켜 재앙을 내리지 아니하시는 하나님이신 줄을 내가 알았음이니이다(요나 4:1-2).' 이러한 분노는 다른 사람들에게까지 확대되며 결국 자신을 망치게 된다.

자존심은 분노를 일으킨다

다음으로 분노를 일으키는 중요한 원인은 바로 자존심에 손상을 입는 것이다. 아람의 군대장관 나아만은 높은 지위를 가진 사람이었다. 그가 문둥병에 걸려 엘리사 선지자를 찾아가게 되었다. 하지만 엘리사 선지자는 그의 기대를 완전히 깨버렸다. 선지자는 그를 맞이하러 나오지도 않았다. 선지자의 행동은 그의 자존심을 짓밟았다. 선지자는 사환을 대신 보내 더러워 보이는 요단강 물에 가서 몸을 담그라는 말만 남겼다. 그는 자존심이 상했다. 무시를 당했다는 생각에 분노했다. '나아만이 노하여 물러가며 이르되 내 생각에는 그가 내게로 나와 서서 그의 하나님 여호와의 이름을 부르고 그의 손을 그 부위 위에 흔들어 나병을 고칠까 하였도다(열왕기하 5:11).' 나아만은 선지자의 명령대로 하지 않으려 했다. 물론 그는 종들의 설득으로 선지자의 명령에 순종하여 병을 고침 받았다. 만약 그가 분노를 행동으로 옮겼다면, 그래서 선지자를 욕하고 그냥 돌아갔다면 어떻게 되었을까?

자신의 잘못을 지적받을 때 분노가 일어난다

우리는 종종 자신의 잘못을 지적받았을 때 분노한다. 자신이 실제로 잘못한 일에 대해 지적받는 일은 당연한 것이다. 하지만 그 상황에서도 분노하는 경우가 많이 있다. 분노하는 것은 인정받고자 하는 교만함이 채워지지 못하기 때문이다. 이러한 분노는 나와 함께 일하는 사람과의 관계를 악화시킨다. 서운한 마음에 더욱 비뚤어진 시각을 갖게 된다. 결국 모든 일에 인정받을 수 없는 사람이 되어버린다.

유다 왕 아사는 위대한 왕이었다. 그는 신실한 믿음으로 하나님을 경외하는 정치를 펼쳤다. 그는 이스라엘의 평화 시대를 열었다. 그 평안한 시대가 그에게 독이었을까? 그는 통치 말년에 북쪽의 이스라엘 바아사 왕과 충돌이 일어나자 하나님을 의지하며 통치하던 방식을 버리고 이방 나라 아람과 동맹하였다. 이 일을 두고 선견자 하나니는 아사의 잘못을 지적했다. 나단 선지자의 지적을 받아들였던 다윗과 달리 아사는 선지자 하나니에게 분노하여 그를 옥에 가두고 자신의 정책을 지적하는 다른 사람들에게도 정치적인 보복을 일삼

왔다. '아사가 노하여 선견자(하나니)를 옥에 가두었으니 이는 그의 말에 크게 노하였음이며 그 때에 아사가 또 백성 중에서 몇 사람을 학대하였더라(역대하 16:10).' 아사는 결국 말년에 질병에 걸렸다. 그는 선견자의 지적을 무시한 것과 마찬가지로 하나님을 의지하지 않고 의사들의 치료를 의지하다가 죽고 말았다. 그는 분노 속에 죽어간 것이다. 아사가 선견자의 지적을 듣고 잠시 분노가 일어났더라도 곧 돌이켜 지적을 받아들였으면 어떻게 되었을까?

교만은 분노를 일으킨다

우리가 분노하는 또 다른 주된 이유는 이미 우리 마음 속에 있다. 교만하여 다른 사람을 무시하는 것이다. 다른 사람들을 무시하는 마음을 가지고 있는 사람은 작은 일에도 쉽게 분노하고 그 분노를 쉽게 표출한다. 참고 한 번 더 생각해 보는 성찰의 시간을 갖지 못한다. 다른 사람을 존중하지 않으므로 사람들의 시선에 아랑곳하지 않고 부정한 일을 일삼게 된다. 교만한 아버지, 교만한 선생님, 교만한 경영자는 쉽게 분노를 표출하여 죄에 사로잡힌다.

유다 왕 웃시야는 아사 왕과 마찬가지로 훌륭한 왕이었다. 그는 나라가 강성해지자 교만한 마음을 주체하지 못했다. 그는 제사장을 무시하고 스스로 하나님께 제사하려 했다. 마치 교회에서 성도들의 대표 격인 사람들이 말씀을 전하는 목회자를 내쫓고 스스로 예배를 인도하는 꼴이다. 마치 군인들이 정치인들을 붙잡아 가두고 스스로 정치를 하는 것과 같다. 마치 교만한 목회자들이 교회에서 있을 수 없는 비윤리적인 일들을 자행하고도 뻔뻔하게 교인들을 무시하는 것과 같다.

웃시야는 쉽게 분노하고 그 분노를 쉽게 표출했다. '웃시야가 손으로 향로를 잡고 분향하려 하다가 화를 내니 그가 제사장에게 화를 낼 때에 여호와의 전 안 향단 곁 제사장들 앞에서 그의 이마에 나병이 생긴지라(역대하 26:19).' 웃시야는 자신이 최고라는 생각에 다른 사람들을 무시하는 마음을 갖게 되었고, 그러한 교만한 마음은 쉽게 분노하게 만들었다. 결국 그는 하나님의 저주를 받아 나병환자가 되고 말았다.

바벨론의 느부갓네살 왕도 자신의 꿈을 해석하지 못하는 것을 참지 못해 모든 지혜자들을 죽이라고 명령했다. '왕이 이로 말미암아 진노하고 통분하여 바벨론의 모든 지혜자들을 다 죽이라 명령하니라(다니엘 2:12).' 말도 안되는 일이다. 자신의 꿈을 어떻게 척척 맞춘단 말인가? 이렇게 교만한 마음은 쉽게 분노하게 만든다. 혹시 우리 안에 이러한 교만한 마음이 있지 않은지 살펴보아야 한다. 교만한 마음은 나도 모르는 사이에 분노를 만들어 내고 다른 사람들을 무시하게 만든다. 그러한 마음은 우리를 하나님의 진노에 가깝게 이끌어 간다.

분노를 해결하는 비결

한참동안 분노를 표현하는 것이 정신건강에 좋다고 주장하는 책들이 인기를 끈 적이 있었다. 한국 사람들은 전통적으로 화병에 많이 시달렸다. 드라마나 영화에도 화병에 걸린 시어머니가 자주 등장했다. 분노는 풀지 않으면 병이 된다는 것이다. 맞는 말이다. 분노는 쌓아 놓으면 병이 된다. 하지만 분노를 마구 표출하게 되면 모두가 상처 받아 죽는다. 우리는 분노의 원인을 알고 영적인 훈련을 통해 분노의 감정을 다스릴 수 있게 되어야 한다. 분노를 극복하기 위해 다음과 같은 훈련이 필요할 것이다.

분노를 추방하라

하나님께서는 분노에 떨고 있는 가인을 보면서 책망하셨다. '네가 분하여 함은 어찌 됨이며 안색이 변함은 어찌 됨이냐 네가 선을 행하면 어찌 낯을 들지 못하겠느냐(창세기 4:6-7).' 분노의 원인을 스스로 깨달으라는 것이다. 가인의 분노가 옳지 않았던 것처럼 우리의 분노는 옳지 않은 이유에서 온다. 우리는 분노의 원인을 외부에서 찾지만 분노는 질투심과 교만과 자존심을 지키려는 악한 시도에서 오는 것이다. 분노는 '그 사람' 때문이 아니고, '그 사람'을 대하는 나의 태도에서 오는 것이다. 사울의 분노는 다윗 때문이 아니고 다윗을 대하는 사울의 태도 때문에 왔다. 이것을 알고 스스로 회개하고 돌이키는 영적 각성이 분노를 이기는 일에 필수적이다. 하나님께서는 가인에게 '선을 행하지 아니하면 죄가 문에 엎드려 있으리라 죄가 너를 원하나 너는 죄를 다스릴지니라(창세기 4:7)'고 말씀하셨다. 영적 각성을 통해 자신의 부당함을 인정하고 분노를 추방하라. 그렇지 않으면 결국 분노가 죄를 일으킨다. 우리는 분노에서 발원하는 죄를 다스리고 정복하기 위해 분노를 우리 안에서 추방해야 한다. 잠시 하나님 앞에서 자신의 상황을 돌아보라. 짧게라도 기도해 보라. 마음에서 분노를 추방하라. '이제는 너희가 이 모든 것을 벗어 버리라 곧 분함과 노여움과 악의와 비방과 너희 입의 부끄러운 말이라(골로새서 3:8).'

분노를 속히 다스리라

분노를 추방하기 위해서 우리의 마음을 돌아보아야 한다.

악한 마음을 깨닫고 회개하며 분노를 추방해야 한다. 하지만 그래도 분노의 감정이 쉽게 사라지지 않을 때가 있다. 그럴 때 우리는 분노가 죄로 이어지지 않도록 분노를 다스려야 한다. '분을 내어도 죄를 짓지 말며 해가 지도록 분을 품지 말고(에베소서 4:26).' 분노는 우리 안에 장기간 머물 때 행동으로 옮겨진다. 분노가 내 안에 타오르는 것을 느낀다면 빨리 주님 앞에서 조용한 시간을 가지라. 주님 앞에서 십자가를 묵상하라. 행동으로 분노를 표출하고 싶은 욕망을 잠재우라. '분을 그치고 노를 버리며 불평하지 말라 오히려 악을 만들 뿐이라 성급한 마음을 버리고 기다리는 연습을 하라(시편 37:8).' 조용히 하나님의 뜻을 기다리는 연습을 하라. 성급하게 행동하는 것은 미련한 것이며 엄청난 피해를 가져다 준다. '어리석은 자는 자기의 노를 다 드러내어도 지혜로운 자는 그것을 억제하느니라(잠언 29:11).' 좋은 생각을 하려고 노력하며, 자신을 진정시켜 줄 믿음직한 사람을 만나 잠시 자신의 행동을 나누어 보라. 당신은 분노를 다스릴 수 있게 될 것이다.

사랑의 마음을 채우라

예수님께서는 다른 사람에게 분노하는 것이 심판 받을 행위라고 경고하셨다. '나는 너희에게 이르노니 형제에게 노하는 자마다 심판을 받게 되고 형제를 대하여 라가라 하는 자는 공회에 잡혀가게 되고 미련한 놈이라 하는 자는 지옥 불에 들어가게 되리라(마태복음 5:22).' 이 말씀은 분노가 형제들을 무시하는 태도에서 나오는 것임을 잘 보여주고 있다. 우리 안에 이러한 태도를 버리고 존중하고 사랑하는 마음을 훈련해야 한다. 이렇게 말씀으로 마음을 훈련하면, 분노가 쉽게 일어나지 않게 된다. 이것이 분노를 이기고 승리하는 삶을 사는 기본적인 비결이다. '(사랑은) 무례히 행하지 아니하며 자기의 유익을 구하지 아니하며 성내지 아니하며 악한 것을 생각하지 아니하며(고린도전서 13:5).' 분노는 우리 마음의 악 때문에 생겨난다. 우리 마음을 그리스도의 사랑으로 채우면 분노는 차츰 우리 마음 속에서 자취를 감춘다. 하나님의 영광을 위한 의로운 분노만이 남게 된다.

타인의 분노에 대처하는 훈련

다른 사람들이 나에 대하여 분노하면 어떻게 해야 하는가? 나보다 높은 권위를 가진 사람들이 나에 대하여 부당하게 분노하면 어떻게 해야 하는가? 성경은 일관되게 부드럽고 겸손한 태도를 훈련하라고 가르친다. '유순한 대답은 분노를 쉬게 하여도 과격한 말은 노를 격동하느니라(잠언 15:1).' 분노는 합리적이고 이성적인 판단에서 나오지 않는다. 분노하는 상관은 이미 합리적 사고를 잃어버렸다. 거기에 합리적인 판단을 들이대면서 순종하지 않는 거만한 태도로 대응하면 엄청난 일이 벌어진다. 지혜롭고 슬기로운 사람은 그럴 때 한 발 물러나서 상대방의 마음을 누그러뜨리는 사람이다. 이것은 절대 비겁한 것이 아니다. 분노하는 상대방이 마음의 안정을 찾으면 얼마든지 그 사람과 합리적인 대화를 통해 설득이 가능해진다. 이것이 지혜로운 태도이다. '거만한 자는 성읍을 요란하게 하여도 슬기로운 자는 노를 그치게 하느니라(잠언 29:8).'

다윗은 한 때 나발이라는 사람이 자신을 무시하여 엄청난 분노에 휩싸였다. 나발은 거만한 태도로 다윗을 격동하였다. 나발의 아내 아비가일은 무서운 일이 벌어질 것을 알았다. 그녀는 다윗을 찾아가서 무조건 자신을 낮추고 다윗을 높였다. '아비가일이 다윗을 보고 급히 나귀에서 내려 다윗 앞에 엎드려 그의 얼굴을 땅에 대니라(사무엘상 25:23).' 다윗의 분노는 사라졌다. 그녀는 다윗을 설득하여 엄청난 죄의 위기에서 벗어나게 했다. 이것이 바로 지혜이다. 결국 다윗이 이겼는가? 아비가일이 이겼는가? 아비가일은 몇 백 명의 용사들로 무장한 분노한 다윗을 이겼다. 다윗이 끔찍한 범죄에 휩싸이는 것을 막아 주었다. 상대방을 높이는 겸손한 태도. 이것이 지혜이다.

누군가가 작은 일로 지나치게 분노하거든 꼭 이 지혜를 활용하라. '주권자가 네게 분을 일으키거든 너는 네 자리를 떠나지 말라 공손함이 큰 허물을 용서 받게 하느니라(전도서 10:4).' 분노는 나에게나 남에게나 멸망을 가져다준다. 우리와 상대방의 분노를 잘 다스려 패망을 벗어나 축복의 인생을 살아가는 지혜를 얻기 위하여 훈련하라. 우리 구주 예수님은 자신의 분노를 격동시키는 사단의 무수한 시험을 겸손하게 기도하며 이겨내셨다. 또한 하나님의 의로운 이름을 위하여 분노하여야 할 때 분노하셨다. 이러한 진정한 영성이 우리 안에 있다면 얼마나 아름다운 삶이 될 것인가?

· 제6장
근심을 극복하라

근심

근심이란 '무언가 좋지 않은 일이 장차 일어나지 않을까 염려하는 불안'이다. 이것은 실제로 일어난 일을 해결하기 위해 대처하는 것이 아니라 일어날 일을 미리 걱정하고 염려하는 것이다. 사람은 미래를 알 수 없다. 예상치 못한 일들이 매우 자주 일어난다. 따라서 근심이란 인생의 필연적인 부분일 수도 있다. 우리는 많은 근심거리들을 가지고 살아간다. 자신의 미래, 자녀의 미래, 건강, 노후와 같은 큰 문제에서부터 날씨와 같은 매우 사소한 것에 대해서도 걱정하고 염려한다.

성경은 근심을 두 가지로 나누어서 설명하고 있다. '하나님의 뜻대로 하는 근심은 후회할 것이 없는 구원에 이르게 하는 회개를 이루는 것이요 세상 근심은 사망을 이루는 것이니라(고린도후서 7:10).' 근심에는 하나님의 뜻대로 하는 근심과 세상 근심이 있다. 하나님의 뜻대로 하는 근심이란 하나님의 말씀에 따라 우리 자신의 죄와 무능력을 깨닫기에 생기는 고민이다. 세상 근심은 어떻게 하면 세상에서 많은 것들을 누리면서 잘 먹고 잘 살아볼까 하는 생각에서 생기는 고민이다. 하나님의 뜻대로 하는 근심은 우리의 본질을 깨닫고 하나님께로 나아가게 한다. 따라서 구원에 이르게 하는 회개에 도달하게 한다. 그 결과 우리는 하나님을 만나게 되며 진실로 아름다운 인생을 살게 되는 것이다. 하지만 세상 근심은 우리의 탐욕만을 자극하여 우리를 죄악의 길로 인도한다. 세상에서 잘 먹고 잘 살아볼까 근심하지만, 근심의 대가를 얻지 못한다.

우리가 훈련을 통해 극복해야 하는 근심은 세상의 근심이다. '그러므로 내가 너희에게 이르노니 목숨을 위하여 무엇을 먹을까 무엇을 마실까 몸을 위하여 무엇을 입을까 염려하지 말라(마태복음 6:25).' 왜 예수님께서는 세상 것에 대해서 염려하지 말라고 하셨는가? 그 이유는 먼저 하나님께서 우리 각자에게 필요한 것만큼 채워주시기 때문이다. '공중의 새를 보라 심지도 않고 거두지도 않고 창고에 모아들이지도 아니하되 너희 하늘 아버지께서 기르시나니 너희는 이것들보다 귀하지 아니하냐(마태복음 6:25).' 하나님께서 채우시는 것이 우리의 양에 차지 않을 수 있다. 우리의 욕심을 채우지 못할 수 있다. 주변 사람들과 비교해서 부족해 보일 수도 있다. 하지만 하나님께서는 우리에게 필요한 만큼 채우신다. 사도 바울이 깨달았듯이 우리에게 주신 은혜가 이미 족한 것이다.

둘째로 우리가 염려한다고 해서 아무 것도 달라지는 것이 없기 때문이다. '너희 중에 누가 염려함으로 그 키를 한 자라도 더할 수 있겠느냐(마태복음 6:27).' 우리가 스스로 세상의 것들을 더 누려 보려고 해 봤자 소용이 없다. 하나님께서 허락하지 않으시면 아무 것도 우리에게 주어질 수 없기 때문이다. 근심해서 잘 될 수 있으면 근심해야 한다. 하지만 세상의 근심은 아무 소용이 없다. 근심하는 사람은 부정한 방법으로 자신의 욕심을 채우기도 한다. 그렇게 하면 우리가 원하는 행복을 얻을 수 없다. 오히려 멸망하는 인생을 살 수밖에 없다. 세상 일에 대해 염려하는 것은 우리 인생에 아무 도움이 되지 않는다. 비틀즈의 노래제목처럼 근심하지 말고 '내버려 두라 Let it be.' 근심하는 것보다 훨씬 낫다. 세상의 것들을 염려하다가 마음에 질병만 생겨나며, 하나님께서 허락하시지 않는 것들 얻으려다가 멸망의 길로 빠지게 된다.

세상의 근심은 하나님을 믿지 않는 자들이나 하는 것이다. 우리는 하나님의 나라를 위하여 또한 하나님의 의를 위하여 근심해야 한다. 어떻게 주님 나라를 위하여 살아갈까 근심해야 한다. '그러므로 염려하여 이르기를 무엇을 먹을까 무엇을 마실까 무엇을 입을까 하지 말라 이는 다 이방인들이 구하는 것이라 너희 하늘 아버지께서 이 모든 것이 너희에게 있어야 할 줄을 아시느니라 너희는 먼저 그의 나라와 그의 의를 구하라 그리하면 이 모든 것을 너희에게 더하시리라(마태복음 6:31-33).' 그러면 하나님께서 모든 것을 채우시며, 우리의 삶은 하나님 나라를 소망하는 가치있는 삶으로 변화된다.

근심의 해악

앞에서도 간단히 언급했듯이 세상의 근심거리들을 염려하고 걱정하는 것은 우리의 삶에 도움이 되지 않는다. 오히려 엄청난 해악을 가져다준다. 우리의 몸에 여러 가지 질병이 있듯이 마음에는 근심이라는 질병이 있다. 성경은 근심이 마음에 질병을 가져온다고 말한다. '슬프다 나의 근심이여 어떻게 위로를 받을 수 있을까 내 마음이 병들었도다(예레미야 8:18).'

우리가 꼭 명심해야 할 것은 근심의 원인은 누구에게나 있을 수밖에 없다는 것이다. 사람들의 비방과 조롱이 마음을 상하게 하여 근심이 찾아오기도 하며, 자녀와 주변 상황들이 나를 근심으로 몰아가기도 한다. '비방이 나의 마음을 상하게 하여 근심이 충만하니 불쌍히 여길 자를 바라나 없고 긍휼히 여길 자를 바라나 찾지 못하였나이다(시편 69:20).' '솔로몬의 잠언이라 지혜로운 아들은 아비를 기쁘게 하거니와 미련한 아들은 어미의 근심이니라(잠언 10:1).' 우리는 이러한 근심에서 완전히 해방될 수 없다.

중요한 것은 이러한 근심을 어떻게 극복할 것인가이다. 이 근심을 하나님 앞에서 잘 해결하지 못하면 우리는 술과 쾌락에 의지하게 되어 결국 몸까지 병들게 된다. '재앙이 뉘게 있느뇨 근심이 뉘게 있느뇨 분쟁이 뉘게 있느뇨 원망이 뉘게 있느뇨 까닭 없는 상처가 뉘게 있느뇨 붉은 눈이 뉘게 있느뇨 술에 잠긴 자에게 있고 혼합한 술을 구하러 다니는 자에게 있느니라 포도주는 붉고 잔에서 번쩍이며 순하게 내려가나니 너는 그것을 보지도 말지어다 그것이 마침내 뱀 같이 물 것이요 독사 같이 쏠 것이며 또 네 눈에는 괴이한 것이 보일 것이요 네 마음은 구부러진 말을 할 것이며 너는 바다 가운데에 누운 자 같을 것이요 돛대 위에 누운 자 같을 것이며 네가 스스로 말하기를 사람이 나를 때려도 나는 아프지 아니하고 나를 상하게 하여도 내게 감각이 없도다 내가 언제나 깰까 다시 술을 찾겠다 하리라(잠언 23:29-35).' 술은 우리의 근심을 덜어주지 않는다. 술은 우리에게 재앙과 근심과 분쟁과 원망과 상처를 가져다준다. 근심을 덜어주는 척 하면서 우리를 패망으로 몰아가는 것이다.

세상의 근심은 우리의 심령을 상하게 한다. 하나님에 대한 신뢰를 떨어뜨린다. '마음의 즐거움은 얼굴을 빛나게 하여도 마음의 근심은 심령을 상하게 하느니라(잠언 15:3).' 근심은 판단력을 흐리게 만들고 미래를 보는 안목을 좁게 만든다. 근심하는 사람은 필요 없는 일에 에너지를 낭비하게 된다. '내 눈이 근심으로 말미암아 쇠하며 내 모든 대적으로 말미암아 어두워졌나이다(시편 6:7).' 근심은 미래를 위한 과감한 도전을 포기하게 만들어 소망이 없는 인생이 되게 한다. 근심이 심해지면 매우 비관적인 인생이 되고 만다. 세상의 근심은 결국 하나님을 믿는 자들에게서 영적인 활력을 빼앗아 간다. 세상 근심에 사로잡힌 사람은 정작 중요한 일에 시간을 투자하지 못한다. 근심은 인생을 망치는 주범인 것이다.

이스라엘 백성들은 하나님께서 주시는 분명한 미래의 약속을 받았고 놀라운 이적도 체험했다. 하지만 그들은 잠시의 광야 길에서 먹을 것과 마실 것에 대해 근심하며 불평했다.

그들은 고작 2주 정도면 지날 수 있는 광야 길에서 40년간 방황하게 된다. 얼마나 낭비가 심한 인생인가? 근심으로 미래를 보는 그들의 안목은 얼마나 흐려져 있는가? 그들은 얼마나 비관적인 인생을 살고 있는가?

실제로 그들은 굶어 죽거나 목말라 죽지 않았다. 하나님께서 모두 채우셨다. 하지만 그들은 근심으로 늘 불평했다. '백성이 모세에게 원망하여 이르되 우리가 무엇을 마실까 하매(출애굽기 15:24).' '이스라엘 자손 온 회중이 그 광야에서 모세와 아론을 원망하여 이스라엘 자손이 그들에게 이르되 우리가 애굽 땅에서 고기 가마 곁에 앉아 있던 때와 떡을 배불리 먹던 때에 여호와의 손에 죽었더라면 좋았을 것을 너희가 이 광야로 우리를 인도해 내어 이 온 회중이 주려 죽게 하는도다(출애굽기 16:2-3).'

그들의 근심은 먹을 것과 마실 것에 있었다. 그들의 근심의 결과는 무엇인가? 멸망이었다. 약속된 미래를 얻지 못했다. 그들은 그저 '무엇을 먹을까 무엇을 마실까' 걱정하다가 끝나버린 인생이었다. 세상 근심은 이렇게 우리의 삶을 망친다. '가시 떨기에 뿌려졌다는 것은 말씀을 들으나 세상의 염려와 재물의 유혹에 말씀이 막혀 결실하지 못하는 자요(마태복음 13:22).' 우리는 하나님께서 주신 생명이 끝나면 모두 하늘나라로 간다. 근심하고 염려한다고 삶이 늘어나지 않는다. 우리는 하나님께서 일용할 양식을 주셔서 살아간다. 이 땅에서의 삶에 대해 그렇게 근심할 필요가 없다. 우리와 우리 자손들의 삶이 근심하다가 끝나기를 소망하는가? 그렇지 않다면 근심을 극복하는 방법을 배워 훈련해야 한다.

근심을 이기는 방법

근심을 극복하기 위해서 어떤 훈련을 해야 할까? 많은 사람들이 말한다. 근심거리가 있는데 어떻게 근심하지 않을 수 있느냐고. 앞에서도 언급했듯이 근심거리가 없는 사람은 없다. 근심거리가 없어서 근심하지 않을 사람은 없다는 것이다. 세상에는 근심거리가 많다. 성도들에게도 마찬가지다. 근심거리는 늘 있을 수밖에 없다. 문제는 근심에 쌓여 원망하며 불평할 것이냐 아니면 근심을 극복하고 성공적인 삶을 살 것이냐 하는 것에 있다.

하나님의 보호하심을 확신하라

많은 근심거리가 있어도 근심하지 않을 수 있으려면 하나님의 보호하심을 확신해야 한다. 성경에는 하나님께서 성도를 보호하신다는 구절이 넘쳐난다. 따라서 말씀을 가까이 하는 것이 근심에서 벗어나는 가장 중요한 비결이다. '여호와께서 그를 황무지에서, 짐승의 부르짖는 광야에서 만나시고 호위하시며 보호하시며 자기 눈동자같이 지키셨도다(신명기 32:10).' '나 여호와가 의로 너를 불렀은즉 내가 네 손을 잡아 너를 보호하며 너를 세워 백성의 언약과 이방의 빛이 되게 하리니(이사야 42:6).' 하나님께서는 어떤 상황에서도 우리를 보호하신다.

물론 성도에게도 여러 가지 어려운 일이 닥친다. 하나님께서 보호하신다고 해서 어려운 일도 없고 죽음도 피해갈 수 있는 것은 아니다. 우리 모두는 하나님께서 만드신 세상에서 허락된 생명만큼 살다가 하늘나라로 간다. 이것은 모든 인간의 숙명이다. 근심과 염려로 삶을 보낼 것인가 아니면 근심을 이기고 하나님의 보호하심을 확신하며 살아갈 것인가 하는 결정은 인생에 있어 매우 중요한 선택이다. 다윗은 인생에 많은 근심거리가 있었지만 하나님께 자신을 보호해 달라고 기도했다. '하나님이여 나를 보호하소서 내가 주께 피하나이다(시편 16:1).'

하나님의 보호를 믿는 자는 근심에 얽매어 인생을 허비하지 않고 담대히 하나님의 일을 할 수 있다. 하나님의 뜻에 순종하며 살아갈 수 있다. 따라서 아름다운 인생의 열매를 맺으며 하나님께서 약속하신 축복을 누리게 된다. 다윗의 인생이 바로 그랬다. 그는 불평과 원망 속에 살아갈 수 있도 있었다. 그의 평생에 근심거리가 떠나지 않았다. 그러나 그는 근심으로 세월을 보내지 않았다. 늘 하나님의 보호하심을 믿으며 승리의 삶을 살았다. 그가 어렸을 때 목동인 자신을 아무도 알아주지 않았다. 사울은 늘 자신을 죽이려 했다. 선한 일을 하고도 무시당할 때가 있었다. 자녀들이 서로를 강간하고 죽이는 엄청난 일이 벌어질 때도 있었다. 가장 사랑하는 아들이 자신을 반역하기도 했다. 하지만 그는 근심과 원망으로 시간을 보내지 않았다. 그는 하나님께 자신을 보호해 달라고 기도했다. 그의 인생이 성공적이었던 이유는 바로 이것이다. 그는 근심을 극복하려고 기도로 자신을 훈련했다.

다윗은 시편 31편에서 현대의 성도들에게 권면한다. 근심하지 말고 하나님을 사랑하라고 권면한다. 하나님을 사랑하면 하나님께서 보호하신다는 것이다. '너희 모든 성도들아 여호와를 사랑하라 여호와께서 성실한 자를 보호하시고 교만히 행하는 자에게 엄중히 갚으시느니라(시편 31:23).' 그는 근심하는 대신에 하나님을 사랑하고 성실히 살아가면 하나님께서 보호하신다는 것을 체험했다. 인생의 모든 근심을 이기는 것은 하나님을 신뢰하고 하나님의 말씀에 따라 믿음으로 성실히 살아가는 것이다.

예수님께서는 제자들에게 말세에 대해 가르치시면서 성도가 당할 고난을 미리 염려하지 말라고 가르치셨다. '사람들이 너희를 끌어다가 넘겨줄 때에 무슨 말을 할까 미리 염려하지 말고 무엇이든지 그 때에 너희에게 주시는 그 말을 하라 말하는 이는 너희가 아니요 성령이시니라(막13:11).' 우리는 믿음 때문에 핍박을 받을 때를 미리 걱정할 필요가 없다. 앞으로 닥칠 어려운 환난을 미리 염려할 필요가 없다. 성령님께서 인도하실 것이기 때문이다. 미리 근심하는 사람은 믿음을 지키지 못한다. 성령님의 인도하심을 믿고 담대하게 대처하는 것이 모든 근심을 이기는 것이다.

염려하지 말고 기도하라

이렇게 담대한 마음을 얻기 위해 우리가 해야 할 것은 기도밖에 없다. '아무 것도 염려하지 말고 오직 모든 일에 기도와 간구로, 너희 구할 것을 감사함으로 하나님께 아뢰라(빌립보서 4:6).' 우리에게 많은 근심이 있어도 그것을 염려하면 안 된다. 근심하면 마음에 병이 생겨 아무 것도 못하는 영적 무기력증에 빠진다. 비전이 있어도 행하지 못하는 비전상실 증후군에 걸린다. 어려운 일이 생기고 인생의 무게가 느껴질 때 기도하라. 그것도 감사함으로 기도하라. 하나님 앞에 근심을 내어 맡기고 자신의 사명에 대해 점검하라. 감사하는 마음으로 하나님께 나아가라. 하나님께서 우리의 모든 것을 책임지시고 보호하신다. '너희 염려를 다 주께 맡기라 이는 그가 너희를 돌보심이라(베드로전서 5:7).'

때때로 하나님을 믿는다는 이유로 고난을 받고 오히려 걱정거리가 쌓일 때가 있다. 신앙생활로 인해 오히려 더욱 근심이 된다면 무엇 때문에 예수를 믿는가 회의가 들 때도 있다. 하지만 근심하지 말라. 의를 위하여 고난을 받으면 축복이다. 그것을 반가이 맞이하라. 하나님께서 놀라운 일을 이루신다. '그러나 의를 위하여 고난을 받으면 복 있는 자니 그들이 두려워하는 것을 두려워하지 말며 근심하지 말고(베드로전서 3:14).'

우리에게는 영원한 피난처가 있다. 하나님께 피하면 모든 근심을 이길 수 있다. 근심을 이기면 놀라운 삶의 추진력이 생기게 될 것이다. 근심을 버리고 기도하면 엄청난 에너지가 당신의 삶을 풍요롭게 할 것이다. 이제 모든 세상 근심을 내려 놓고 하나님께 기도하면서 하나님의 역사를 체험하는 축복을 누리도록 말씀과 기도로 자신을 훈련하자.

Part 03

믿음으로
훈련할 것들

• 제7장
신뢰를 훈련하라

참 불쌍한 사람

우리 주위에서 볼 수 있는 가장 불쌍한 사람은 가난한 사람이나 병든 사람이 아니다. 바로 부모님을 신뢰하지 못하는 사람이다. 부모님을 신뢰할 수 없는 사람은 어린 시절의 대부분을 보내는 가정에서 불신을 훈련한다. 늘 의심하는 버릇이 생기고, 늘 사실을 왜곡하는 습관을 갖게 된다. 엄마의 눈치를 봐야 하고, 아빠의 행동을 의심하게 된다. 물론 부모님이 이러한 불신의 원인을 제공하는 경우도 있다. 그럼에도 불구하고 부모님을 불신하는 모든 피해는 자신이 당하게 된다. 그 피해란 바로 모두를 불신하게 되는 것이다.

가정에서 불신을 훈련받은 아이는 학교에 가서 선생님을

불신하게 된다. 선생님의 작은 행동도 차별대우로 여기고, 선생님의 작은 충고나 체벌도 자신에 대한 미움으로 받아들인다. 물론 선생님께서 정말로 차별대우를 하는 것일 수도 있고, 자신을 미워하는 것일 수도 있다. 그럼에도 불구하고 선생님을 신뢰하지 못하면 그 피해는 자신에게 미친다. 학교에 적응하기도 힘들고 교우 관계도 원만치 않게 될 것이다. 성적도 떨어질 것이 분명하다. 그러나 가장 큰 문제는 장차 세상을 살면서 만나는 모든 사람을 불신하게 될 수도 있다는 것이다.

이렇게 불신이 가득한 사람이 교회에 오게 되면 어떤 일이 벌어지겠는가? 목회자를 신뢰할 수 없게 된다. 불신이 훈련된 사람은 항상 불신할 만한 원인을 찾는다. 목회자를 신뢰하지 못하면, 당연히 목회자가 전하는 하나님의 말씀도 신뢰하지 못한다. 그에게는 하나님을 믿고 하나님의 말씀을 따르는 가운데서 나타나는 변화와 축복을 경험할 수 없는 불행이 계속된다. 물론 이 세상에는 신뢰할 수 없는 목회자가 많이 있는 것이 사실이다. 그럼에도 불구하고 누구도 신뢰할 수 없는 불신의 병은 개인의 신앙과 삶 전체를 망가뜨린다.

이 세상에 존재하는 모든 부모는 완벽하지 못하다. 우리에게 큰 영향력을 행사하는 선생님이나 목회자들도 모두 완벽하지 못하다. 신뢰하기 어려운 부분들을 가지고 있는 것도 사실이다. 하지만 우리는 기본적으로 그들이 우리를 위해 존재하며, 하나님께서 우리를 돕기 위해 보낸 소중한 존재라는 것을 인정하는 것이 유익하다.

성경은 우리에게 기본적으로 부모님에 대한 신뢰감을 갖도록 가르친다. '너희 중에 누가 아들이 떡을 달라 하는데 돌을 주며 생선을 달라 하는데 뱀을 줄 사람이 있겠느냐(마태복음 7:9-10).' 이 땅에 태어난 모든 인간은 죄인이다. 우리의 부모님이나 선생님이나 목회자들도 마찬가지이다. 하지만 그들이 죄인이라는 사실이, 그들이 사랑하는 자들에게 늘 악을 행한다는 것을 의미하는 것은 아니다. 부모님은 자녀들에게 사랑하는 마음을 가지고 있다. 선생님들은 제자들에게 좋은 가르침을 주려고 노력하고 있다. 목회자들은 성도들에게 하나님의 말씀을 전하려 애쓰고 있다. 성경은 그들을 신뢰하도록 요청하고 있다. 기본적으로 우리 주위에 있는 사람들을 신뢰하는 마음을 갖는 것이 우리의 삶에 매우 유익하다.

하나님을 신뢰하는 사람이 되라

앞서 우리 주위에 있는 부모님과 선생님들과 목회자들을 신뢰하는 것이 매우 중요하다고 말했다. 그 결정적인 이유는 우리 모두가 우리의 창조주이시며, 영원한 아버지이신 하나님을 신뢰하는 삶을 살아야 하기 때문이다. 성경이 우리에게 주어진 이유는 우리가 하나님을 알고 그분을 신뢰하도록 하기 위함이다. 우리가 '믿음이 좋다'고 말할 때, 바로 하나님을 신뢰하는 정도가 강하다는 것을 의미하는 것이다.

신앙은 관계를 맺는 것이다. 성경은 하나님과 우리의 관계를 부모와 자녀의 관계로, 신랑과 신부의 관계로 비유한다. 이것은 신앙이라는 것이 관계 자체임을 잘 보여준다. 관계는 신뢰를 바탕으로만 유지되고 발전된다. 우리가 주변 사람들과 어떤 관계를 맺고 사느냐는 매우 중요하다. 왜냐하면 주변 사람들과 어떤 관계를 맺고 살아가느냐가 우리가 하나님과 어떤 관계를 맺느냐에 매우 큰 영향을 미치기 때문이다. 늘 불신하며 살아온 사람은 하나님을 신뢰하는 것에도 어려움을 겪게 된다. 우리는 불신의 고리를 끊고 신뢰를 훈련해야 한다. 특히 하나님을 신뢰하는 훈련을 해야 한다.

반대로 이야기하면 하나님과 올바른 관계를 맺고 신뢰하며 살아가는 것이 우리와 주변 사람들과의 관계를 올바르게 변화시킨다. 하나님을 온전히 신뢰하며 살아가는 성도는 주위 사람들에 대한 의심을 거두고 사랑하는 마음을 갖게 된다. 신뢰가 회복되고, 가정이 살아나게 되며, 모든 관계들이 매끄러워지게 된다.

성경은 하나님을 신뢰하라고 강력하게 촉구한다. '너희가 악한 자라도 좋은 것으로 자식에게 줄 줄 알거든 하물며 하늘에 계신 너희 아버지께서 구하는 자에게 좋은 것으로 주시지 않겠느냐(마태복음 7:11).' 세상에 있는 모든 사람들은 죄인이지만, 자식에게는 좋은 것으로 베푼다. 이것은 악한 자도 비켜갈 수 없는 자연의 순리이다. 세상의 악한 자도 이렇게 자식에게 좋은 것으로 주는데, 하나님께서는 그 자녀들에게 얼마나 좋은 것으로 주시겠는가?

성경에 이보다 더 강력한 비유는 없다. 우리는 때때로 내 맘대로 일이 되지 않을 때 하나님의 사랑을 부정한다. 하나님께서 자신에게 부당하게 대우하신다고 생각한다. 때로는 하나님의 존재를 의심하기도 한다. 이 모든 것은 세상에서 훈련된 불신에서 나온 것이다. 하나님께서는 온전하신 아버지이시다. 하나님의 사랑에는 한계가 없고, 하나님의 능력에는 제한이 없다. 하나님의 지혜와 지식은 무한하다. 하나님은 판단의 실수가 없으시며, 하나님의 인내심에는 끝이 없다. 하나님께서는 자기의 자녀들에 대한 모든 것을 가장 잘 알고 계신다. 자녀들에게 언제 무엇이 필요한지 정확히 알고 계신다. 한 번 생각해 보라. 판단의 실수가 많고 능력의 한계가 분명한 육신의 부모님도 좋은 것으로 자식에게 주려 하는데, 하나님께서 얼마나 좋은 것들을 우리들에게 주시겠는가?

신뢰하려면 감사하라

하나님을 신뢰하는 훈련이 매우 중요하다. 어떻게 해야 하는가?

첫째로 하나님께서 주시는 것에 무조건 감사하는 것이다. 때로는 나에게 주어진 환경과 여건이 내가 원하던 것이 아닐 수도 있다. 하지만 꾹 참고 하나님을 신뢰하라. 힘든 일이다. 하지만 '하나님께서 가장 좋은 것을 주셨겠지...', '나에게 가장 필요한 것을 주시려는 것이겠지...' 하고 믿으라. 그러면 감사하는 마음이 생겨난다. 처음에는 잘 이해가 가지 않지만, 후에 하나님의 깊으신 뜻이 있다는 것을 깨닫게 된다. 어렸을 때 아버지께서 가끔 체벌을 하실 때가 있었다. 아버지께서는 체벌이 끝나고 나면 약을 발라주시면서 사랑하기 때문에 그런 것이라고 말씀해 주시곤 했다. 병 주고 약 주는 건가? 때릴 때는 언제고 하면서 삐딱하게 생각하지 않았다. 왜냐하면 아버지를 신뢰했기 때문이다. 결국 나중에 생각해 보면 아버지를 이해할 수 있었다. 무조건 신뢰하고 감사하라.

하나님께서는 우리에게 때로 시련을 주시기도 한다. 그러나 그 시련도 우리를 더욱 아름답게 빚으시려고, 적절한 시기에 주시는 것이다. 나는 개인적으로 두 번의 큰 시련이 있었다. 한 번은 대학 시절 많은 좌절을 경험한 것이며, 다른 한 번은 갑자기 아버지를 잃었던 것이다. 내가 참 평안하고 두려울 것이 없을 때, 하나님께서는 이 두 시련을 허락하셨다. 참 많이 슬프고 아팠다. 하지만 하나님께서 나에게 주신 것은 악한 것이 없었다. 하나님께서는 그 두 번의 시련으로 하나님께 격정적으로 기도하면서 나의 인생에 가장 중요한 결정들을 하게 하셨다. 지금은 물론 너무나 감사하다. 하나님께서는 날 실망시키시지 않으신다.

신뢰하려면 무조건 순종해 보라

둘째로 하나님의 말씀에 무조건 순종하는 것이다. 신뢰한다는 것은 내 판단에 맞지 않더라도 순종하는 것을 말한다. 나는 때로 내 생각과 맞지 않는 일을 할 때가 있다. 바로 그 일을 요청하는 분을 내가 신뢰할 수 있을 때이다. 하나님을 신뢰한다는 것은 성령께서 성경의 가르침대로 순종하기를 요구하실 때, 상황과 형편을 고려하지 않고 내 생각으로 판단하지 말고 일단 순종하기로 결심하는 것이다. 내 생각으로 판단하여 순종하지 않을 때, 그것은 신뢰하는 것이 아니다.

약 10년 전에 아버지께서 책을 한 권 주시면서 읽어 보라고 하셨다. 나는 그 책이 싫었다. 왜 이런 책을 읽으라고 하실까 의심하는 마음이 들었다. 하지만 아버지께서 읽으라고 하시니 무슨 깊은 뜻이 있으시겠지 하는 마음에 그냥 읽어 보기로 했다. 그 책은 나의 목회에 지대한 영향을 주었으며, 나의 삶의 방향에 큰 변화를 주었다.

신뢰하는 것은 이렇게 무조건 순종하는 것이다. 왜냐하면 하나님께서 나를 사랑하시며, 나에게 가장 유익한 것들을 주시려고 하나님의 말씀을 주신 것임을 믿기 때문이다. 신뢰한다는 것은 내 생각과 일치하기 때문에 순종하는 것이 아니다. 상황과 형편을 고려했을 때 타당하기 때문에 순종하는 것도 아니다. 무조건 순종하는 것이다.

다음의 말씀을 들어본 적이 있을 것이다. '그러므로 무엇이든지 남에게 대접을 받고자 하는 대로 너희도 남을 대접하라 이것이 율법이요 선지자니라(마태복음 7:12).' '그러므로' 라는 말에 주목해 보자. 이 말씀은 남에게 대접을 받으려 하지 말고, 대접을 하라는 말씀이다. 어떤 이유로 남에게 대접을 하라는 말씀인가? '그러므로' 라는 말 앞에 다음과 같은 구절이 나와 있다. '하물며 하늘에 계신 너희 아버지께서 구하는 자에게 좋은 것으로 주시지 않겠느냐(마태복음 7:11).' 지금 충분히 있으니까 대접하라는 것이 아니다. 하나님께서 좋은 것으로 주실 것이니까 대접하라는 것이다. 하나님께서는 하나님을 신뢰하고 말씀을 지키기를 원하신다. 상황이 허락하지 않을 수도 있다. 대접하는 것이 손해라고 생각할 수도 있을 것이다. 하지만 하나님을 신뢰하는 사람은 자기 생각을 내려놓고 기꺼이 말씀대로 대접할 수 있을 것이다.

신뢰의 결과

앞에서 말한 대로 신뢰는 순종하여 남을 대접하는가에 나타날 것이다. 신뢰의 결과는 무엇인가? 간단하다. 좋은 것으로 주신다는 것이다. 하나님께서는 구하는 자에게 무조건 주시는 분이 아니다. 그것은 미신적이고 주술적인 신앙이다. 성경을 잘 살펴보라. 하나님께서는 구하라고 하셨다. '구하라 그리하면 너희에게 주실 것이요 찾으라 그리하면 찾아낼 것이요 문을 두드리라 그리하면 너희에게 열릴 것이니(마태복음 7:7).'

그리고 구하는 자에게 자신을 신뢰하라고 하셨다. '하늘에 계신 너희 아버지께서 구하는 자에게 좋은 것으로 주시지 않겠느냐(마태복음 7:11).' 그렇게 말씀하시고는 '너희도 남을 대접하라'고 명하셨다. 이 말씀을 잘 살펴보면 우리가 무엇인가를 구할 때, 하나님을 전적으로 신뢰하고 구해야 한다고 말씀하고 있다. 그런데 우리가 하나님을 신뢰하는 것은 남을 대접하는가의 여부를 보고 판단하시겠다고 한다. 하나님께서는 말을 듣고 판단하시는 것이 아니라, 행동을 보고 신뢰를 판단하신다. 즉, 하나님께서는 자신을 신뢰하는 자에게 구하는 것을 주실 것인데, 자신을 신뢰하는 자는 행동으로 순종하는 사람이라는 것이다.

우리는 기도응답 하면 조지 뮬러를 생각한다. 왜 조지 뮬러에게 엄청난 기도의 응답이 매번 가능했는지 생각해 보았는가? 그가 매일 기도만 했기 때문에? 아니다. 그가 큰 소리로 기도했기 때문에? 아니다. 그가 간절히 정성껏 기도했기 때문에? 전혀 아니다. 만약 그의 기도가 말 뿐이었다면 그 기도는 절대로 응답되지 않았을 것이다. 그는 고아들을 돌보라는 하나님의 명령에 아버지의 재산에 대한 상속도, 약혼녀와의 달콤한 사랑도 포기하고 순종했다. 그는 아무리 어려워도 고아들을 향한 하나님의 사랑을 저버리지 않고 사역을 계속했다. '행동'으로 늘 대접한 것이다. 그렇게 고아들을 대접한 그의 삶이 그가 얼마나 하나님을 신뢰하고 있는가를 증명한 것이다. 하나님께서는 그가 마음속으로 기도해야지 생각만 해도 응답했다. 하나님! 필요합니다. 짧게 외마디로 외쳐도 응답이 이루어졌다.

우리는 신뢰를 마음의 상태로 생각하지만, 신뢰란 행동으로 나타나는 것이다. 하나님을 신뢰하는 연습을 하라. 하나님을 신뢰하고, 작은 실천을 시작해 보라. 그러면 기도의 응답이 달라질 것이다. 하나님께서 신뢰함으로 구하는 자에게 얼마나 좋은 것으로 주시는지를 분명히 경험하게 될 것이다.

• 제8장
순종을 훈련하라

순종은 필수인가 선택인가

기독교는 종교개혁의 전통에 따라 '믿음으로 구원을 얻는다'는 굳건한 신앙고백 위에 서 있다. 이 고백은 하나님께서 인간을 구원하시는데 있어서 하나님께서 주신 믿음 이외에 어떤 조건도 있을 수 없다는 선언이다. 믿음으로 구원을 얻은 성도가 어떤 삶을 살아가느냐는 그의 구원에 영향을 미치지 못한다. 구원은 하나님의 주권적인 선택으로 이루어지는 것이며, 어떤 인간의 행위로도 그 선택을 변경하거나 취소시킬 수 없기 때문이다. 가령, 방탕하여 어긋난 길로 가는 성도가 있다 하더라도, 그의 구원이 취소되거나 변경될 수 없다는 것이다.

이러한 분명한 신앙고백은 매우 긍정적인 영향을 미쳤다. 많은 사람들이 구원을 얻기 위해 공로를 쌓아야 한다는 우상숭배적 신앙에서 자유하게 되었다. 하나님의 은혜만을 구하는 바른 신앙이 정립되었고, 바른 신앙을 가르치는 교회들이 많이 생겨났다.

대표적인 종교개혁자인 루터와 칼빈이 활동한지 500여 년의 시간이 흘렀다. 오랜 시간이 지나면서 종교개혁자들이 생각하지 못했던 일들이 생겼다. 구원의 조건으로 오해되던 행위를 구원에서 철저히 분리시키게 되면서, 사람들은 믿음을 인식의 측면에서만 바라보게 되었다. 즉, 믿음과 믿음의 삶을 분리시키게 되었다는 것이다. 믿음은 결과적으로 믿음에 근거한 삶, 즉 순종으로 나아가게 되는데 그 연결고리가 끊어지게 된 것이다.

원래 '믿음으로 구원을 얻는다'는 신앙고백은 구원을 하나님의 은혜 이외에 다른 것으로 얻을 수 있다는 가르침이 팽배해 있던 시대에, 오직 인류를 구원하는 하나님의 은혜만을 강조하고 다른 것들을 배제하기 위해 만들어진 것이다. 그런데 지금에 와서 이 신앙고백이 많이 오해되어 사용되고 있다. 현대의 성도들은 믿음으로 구원을 얻으면 그만이라는 생각을 하고 있다. 믿음은 필수이며 순종의 행위는 선택이라는 생각을 하고 있다. 이러한 생각의 저변에는 믿음으로 구원을 받는 것은 좋지만 믿음으로 순종하는 삶을 사는 것은 힘들고 어렵다는 선입견이 자리 잡고 있는 것이다. 나아가 말씀에 순종하는 일은 불필요한 일이라는 인식까지 생겨났다. 그러면서도 소위 '구원의 확신'은 있다고 말하고 있는 것이다.

이러한 인식은 정말 위험하다. 하나님께서는 인류를 오직 십자가의 은혜로 구원하신다. 구원에는 우리의 어떤 노력도 의미를 갖지 못한다. 옳다. 하지만 하나님께서 인류를 구원하신 목적은 바로 하나님 말씀에 순종하여 하나님께 영광을 돌리는 백성이 되게 하시기 위함이었다. '그가 우리를 대신하여 자신을 주심은 모든 불법에서 우리를 속량하시고 우리를 깨끗하게 하사 선한 일을 열심히 하는 자기 백성이 되게 하려 하심이라(디도서 2:14).'

성경은 믿음에 항상 순종의 행위가 따랐음을 말씀하고 있다. 행함이 없는 믿음은 가짜일 수 있고, 구원에 이른다는 확신은 거짓일 수 있다는 것이다. 순종은 선택이 아니고 믿음의 당연한 귀결이다. 해도 그만 안 해도 그만이 아닌 것이다. 물론 온전한 순종이란 있을 수 없다. 하지만 순종하려 애쓰다가 넘어지는 것과 아예 순종을 선택으로 생각하는 것은 전혀 다르다. 순종은 성도에게 필수적인 것이며, 하나님께서 우리를 구원하신 목적이다. 그래서 순종은 성도의 인생을 좌우하는 것이다. 하나님께서는 구원하신 목적이 이루어지느냐에 따라 그 성도의 삶을 평가하신다. 순종은 그리스도인들에게 반드시 있을 수밖에 없고 있어야만 하는 필수적인 신앙의 요소이다.

믿음은 순종으로 표현된다

우리는 아브라함을 믿음의 조상이라고 말한다. 창세기는 아브라함을 믿음의 조상이며 열국의 아비로 소개한다. 갈라디아서는 모든 믿는 자들이 아브라함의 자손이며 아브라함의 복을 받는다고 분명히 강조하고 있다. '그러므로 믿음으로 말미암은 자는 믿음이 있는 아브라함과 함께 복을 받느니라(갈라디아서 3:9).' 즉 아브라함에게는 기독교의 구원의 원리와 삶의 원리가 나타나고 있다. 아브라함의 믿음은 무엇으로 표현되었는가? 아브라함의 믿음은 하나님의 말씀을 순종하는 것으로 표현되었다. 우리가 하나님의 말씀을 온전히 순종하는 것을 불가능한 일이다. 하지만 믿음은 순종의 행위를 가능하게 한다.

믿음의 조상 아브라함은 순종의 사람이다. 아브라함의 믿음이 칭찬받는 이유는 그가 입으로 '아멘' 했기 때문이 아니다. 그가 순종했기 때문이다. 그는 본토 친척 아비 집을 떠나라는 명령을 받았을 때 순종하여 떠났다. '믿음으로 아브라함은 부르심을 받았을 때에 순종하여 장래의 유업으로 받을 땅에 나아갈 새 갈 바를 알지 못하고 나아갔으며(히브리서 11:8).' 그의 믿음은 순종으로 표현되었다. 이러한 순종의 행위를 통해 그가 믿음의 사람인지가 드러났다. 아브라함을 믿음의 조상이라고 말하는 이유는 '그가 인식하고 있는 교리나 신에 대한 개념' 때문이 아니라, 그가 '하나님의 말씀에 순종' 했기 때문이다. 아브라함에게서 볼 수 있는 믿음의 원리는 순종인 것이다. 이것이 바로 기독교의 믿음의 원리이다.

이 말씀을 주목하여 보라. '아들을 믿는 자에게는 영생이 있고 아들에게 순종하지 아니하는 자는 영생을 보지 못하고 도리어 하나님의 진노가 그 위에 머물러 있느니라(요한복음 3:36).' 여기서 '아들을 믿는 자'와 대조되는 말은 '아들을 믿지 않는 자'가 아니라, '아들에게 순종하지 않는 자'이다. 즉 '예수를 믿는 자'는 '순종하는 자'이며, '예수를 믿지 않는 자'는 '순종하지 않는 자'라는 뜻이다. 물론 예수를 믿는 성도들이 모든 말씀에 온전히 순종하는 것은 불가능하다. 또한 순종했기 때문에 하나님의 백성이 된 것도 아니다. 하지만 예수를 믿는 성도들은 순종하는 경향이 있으며 순종하려는 소망이 있다. 예수를 믿지 않는 사람들은 순종하려는 경향이 없으며 순종하려는 소망도 없다.

이렇게 볼 때 믿음과 순종은 사실 하나이다. 믿음은 순종이라고 말할 수 있다. 하나님과 그의 아들 예수 그리스도의 은혜로 구원을 얻었다는 사실을 믿음으로 고백하고, 주님을 우리의 주인으로 영접한 사람이 어떻게 순종하려 하지 않을 수 있는가? 완벽하게 순종할 수 없는 자신의 모습을 안타까워하면서도 순종하려는 모습을 갖는 것이 그리스도인의 당연한 소망이다. '당신이 날 구원하신 것은 알겠습니다. 당신의 말이 옳은 것도 알겠습니다. 하지만 말씀대로는 못하겠습니다.' 이런 태도가 가능한가? 그것이 과연 믿는 것인가? 그것은 신에 대한 인식이나 교리에 대한 이해 이외에 아무 것도 아니다.

사무엘은 다음과 같은 유명한 말을 남겼다. '사무엘이 이르되 여호와께서 번제와 다른 제사를 그의 목소리를 청종하는 것을 좋아하심 같이 좋아하시겠나이까 순종이 제사보다 낫고 듣는 것이 숫양의 기름보다 나으니' 우리가 굳이 믿음과 순종에 관한 신학적인 설명을 붙이지 않더라도, 믿음이 곧 순종이라는 사실은 분명해진다. 하나님께서 제사를 명하셨음에도 불구하고 제사보다 순종을 더 좋아하신다는 말은 무슨 뜻인가? 하나님께서 제사를 통해 하나님께 나아오게 하신 이유는 하나님께만 순종하는 마음을 갖게 하시기 위함이었다는 것을 보여준다. 따라서 제사의 목적인 순종이 없다면 제사는 의미가 없다는 것이다. 하나님께서 이스라엘 백성을 선택하시고 제사를 명하신 이유는 - 오늘날 성도들을 택하시고 예배하게 하신 이유와 같은데 - 하나님께 순종하여 세상에 하나님의 영광을 돌리기 위함이었다. 이와 같이 순종은 믿음의 귀결이며, 하나님께서 우리를 선택하셔서 예배하게 하신 목적이다.

순종은 우리의 미래를 결정한다

순종이 구체적으로 무엇을 의미하는지 이스라엘 백성들의 역사를 살펴보면 분명히 드러난다. 하나님께서는 애굽에서 종살이하던 이스라엘 백성을 구원하셨다. 이스라엘 백성들이 순종했기 때문에 구원한 것이 아니다. 하나님께서 구원하시기로 작정하셨기 때문이었다. 하나님께서는 그 과정에 믿음의 원리를 적용하셨다. 즉, 애굽에 10번째 장자의 재앙을 내릴 때 양을 잡아 그 피를 문의 기둥에 바르면 구원을 얻게 하셨다. 그렇게 이스라엘 백성들은 아무 행위의 공로가 없이 구원을 얻었다.

이스라엘 백성들은 홍해를 건너 무사히 광야로 나아갔다. 이스라엘 백성들은 하나님의 구원을 체험했다. 그 후 그들은 시내산과 모압평지에서 모세를 통해 하나님의 말씀을 받았다. 그 말씀 안에는 십계명과 각종 생활의 규례가 포함되어 있었다. 중요한 것은 그 모든 말씀을 하나님께서 이스라엘 백성에게 주신 후에, 그 말씀에 순종할 때와 불순종할 때의 결과에 대해서 말씀하셨다는 것이다. 레위기 26장과 신명기 28장에는 순종과 불순종의 결과가 자세히 기록되어 있다.

'너희가 내 규례와 계명을 준행하면 내가 너희를 돌보아 너희를 번성하게 하고 너희를 창대하게 할 것이며 내가 너희와 함께 한 내 언약을 이행하리라나는 너희 중에 행하여 너희의 하나님이 되고 너희는 내 백성이 될 것이니라 / 그러나 너희가 내게 청종하지 아니하여 이 모든 명령을 준행하지 아니하며 내 규례를 멸시하며 마음에 내 법도를 싫어하여 내 모든 계명을 준행하지 아니하며 내 언약을 배반할진대 내가 너희를 치리니 너희가 너희의 대적에게 패할 것이요 너희를 미워하는 자가 너희를 다스릴 것이며 너희는 쫓는 자가 없어도 도망하리라 너희의 수고가 헛될지라 땅은 그 산물을 내지 아니하고 땅의 나무는 그 열매를 맺지 아니하리라 이런 일을 당하여도 너희가 내게로 돌아오지 아니하고 내게 대항할진대 내가 너희를 여러 민족 중에 흩을 것이요 내가 칼을 빼어 너희를 따르게 하리니 너희의 땅이 황무하며 너희의 성읍이 황폐하리라(레위기 26:3, 9, 12, 14-15, 17, 20, 23, 33).'

순종은 구원의 조건이 아니다. 누군가 만약 순종해야 구원을 받을 수 있다고 가르친다면 잘못 가르치는 것이다. 이스라엘 백성이 순종해서 하나님의 백성이 되었는가? 아니다. 그것은 하나님의 무조건적 선택이다. 그러면 하나님의 무조건적 선택을 받은 백성의 미래가 무조건 아름다운가? 그렇지 않다. 하나님의 말씀에 대한 순종의 여부가 그들의 미래를 결정짓는 것이다. 순종하면 하나님께서 주시는 축복된 미래가 열릴 것이며 불순종하면 암울한 미래가 기다리게 될 것이다.

이 말씀은 신명기에 더욱 구체적으로 명시되어 있다. '네가 네 하나님 여호와의 말씀을 삼가 듣고 내가 오늘 네게 명령하는 그의 모든 명령을 지켜 행하면 네 하나님 여호와께서 너를 세계 모든 민족 위에 뛰어나게 하실 것이라 네가 네 하나님 여호와의 말씀을 청종하면 이 모든 복이 네게 임하며 네게 이르리니 / 네가 만일 네 하나님 여호와의 말씀을 순종하지 아니하여 내가 오늘 네게 명령하는 그의 모든 명령과 규례를 지켜 행하지 아니하면 이 모든 저주가 네게 임하며 네게 이를 것이니(신명기 28:1-2, 15).' 이스라엘 백성이 하나님의 백성이 되었다는 자체로 무조건 축복된 미래가 기다리는 것은 아니다. 그것은 마치 큰 돈을 들여 부적을 써서 베개 속에 넣어 두면 자동으로 악한 기운이 물러날 것이라고 생각하는 것과 같은 기복신앙이다. 이스라엘 백성의 미래는 자신들이 하나님의 백성이 된 것을 인식하고 감사하면서 하나님께서 주신 말씀에 순종하며 살아가느냐에 따라 결정되는 것이다.

구약 성경에는 계속해서 같은 원리가 반복되어 나오고 있다. 솔로몬은 왕이 된 후에 똑같은 패턴의 약속을 받게 된다. '네가 만일 내가 명령한 모든 일에 순종하고 내 길로 행하며 내 눈에 합당한 일을 하며 내 종 다윗이 행함 같이 내 율례와 명령을 지키면 내가 너와 함께 있어 내가 다윗을 위하여 세운 것 같이 너를 위하여 견고한 집을 세우고 이스라엘을 네게 주리라(열왕기상 11:38).' 말씀에의 순종을 요청하면서 두 가지 미래를 약속하시는 것이 바로 하나님께서 선지자들을 통해서 예언하신 말씀의 패턴이다. 거짓 종교들의 예언은 예언의 형식이나 예언자 자신의 능력을 강조하며 미래의 일을 예고하고 그대로 될 것을 기대하게 만든다. 즉 행동의 변화를 촉구하지 않는다. 이것은 닫힌 예언이다. 하나님의 말씀은 미래를 열어 놓는다. 미래를 여는 열쇠는 하나님의 말씀을 순종하는 성도들의 삶에 있다. 축복의 말을 듣는다고, 축복을 기원하는 안수를 받는다고, 축복이 약속된 성경 구절을 방에 걸어 놓는다고 자동으로 축복을 받는 것이 아니다.

이스라엘의 역사는 불순종이 어떤 결과를 초래하는지 보여준다. 이스라엘 백성들은 하나님께서 주신 가나안 땅을 차지한 후 두 번의 멸망위기를 맞는다. 첫 번째는 사사 시대였고, 두 번째는 바벨론의 포로기였다. 성경은 그 두 번의 고통스런 역사의 원인으로 불순종을 들고 있다. '그들이 그 사사들에게도 순종하지 아니하고 오히려 다른 신들을 따라가 음행하며 그들에게 절하고 여호와의 명령을 순종하던 그들의 조상들이 행하던 길에서 속히 치우쳐 떠나서 그와 같이 행하지 아니하였더라(사사기 2:17).' 사사 시대에 이스라엘 백성들은 하나님께 순종하던 조상의 길을 버리고 불순종의 길을 걸었다. 바벨론에 유다가 멸망하던 시기에도 이스라엘 백성들은 동일한 패턴으로 하나님께 불순종했다. 그런데도 그들은 자신들이 하나님의 백성이며 자신들에게는 늘 평안이 찾아올 것이라는 잘못된 확신을 가지고 있었다. 무조건적 긍정의 힘이 얼마나 엉뚱한 것이며, 거짓된 확신인지 이스라엘 역사가 잘 보여주고 있다. 이스라엘의 모든 역사는 순종과 불순종이 바로 성도의 미래를 결정하는 것임을 분명히 보여주고 있다. 하나님의 선택을 받은 현대의 그리스도인들의 미래도 역시 하나님 말씀에 순종하느냐에 달려 있다.

교회와 성도의 미래는 순종에 달려 있다

이 시대의 많은 교회와 성도들은 큰 착각을 하고 있다. 그것은 교회이기 때문에 성도이기 때문에 무조건 찬란한 미래가 보장될 것이라는 신념이다. 하지만 성경은 어느 곳에서도 교회가 교회라는 이유로 성도가 성도라는 이유로 하나님의 축복을 무조건 받게 되는 것이라고 이야기하지 않는다.

우리 앞에는 순종과 불순종의 길이 놓여 있다. 교회가 하나님의 말씀에 순종하여 이웃을 사랑하고 사회에 덕을 세우고 하나님의 영광을 돌리는 일을 행하면 교회의 미래에 축복이 보장된다. 하지만 교회가 이웃을 사랑하지 않고 사회에 덕을 세우지 않으며 하나님의 영광을 가리는 죄를 범한다면 교회는 하나님의 징계를 피할 수 없다.

성도 개개인의 운명도 동일하다. 예배에 나와 목회자의 축복의 기도를 아멘한다고 해서 자동으로 축복이 주어지는 것이 아니다. 성도 개개인이 교회를 통해 배운 하나님의 말씀에 순종하여 용서하고 베풀고 헌신하며 하나님의 영광을 돌리는 삶을 살아간다면 성도의 미래는 하나님께서 주시는 축복으로 가득할 것이다.

순종을 훈련하라

하나님께 순종하는 것은 우리의 미래를 결정짓는다. 하나님께서는 순종하는 사람에게 모든 축복을 약속하셨다. 모든 성도는 이 말에 동의할 것이다. 하지만 현실 속에서 하나님께 순종한다는 것은 복잡하고 어려운 문제이다. 국가의 위정자들은 정부 기관의 요구에 어떤 태도를 취해야 하는가? 하나님께 순종한다는 것은 부모나 목회자에게 순종하는 것과 어떤 관계가 있는가? 불의한 요구를 하는 권위에 대하여 어떻게 해야 하는가? 하나님 외에 어떤 사람의 말에도 순종하지 않는다고 말하는 태도를 어떻게 받아들여야 하는가? 복잡한 문제들에 대해 정리해야 할 필요가 있다.

게다가 우리는 하나님께 순종하지 않으려는 본성을 가지고 있다. 하나님께만 순종한다는 명목 하에 권위자들에게 순종하지 않으면서 은밀히 하나님의 말씀을 거부하는 경우도 있다. 또한 불의를 강요하는 권위자들에게 순종해야 할 경우에 당장의 유익을 위해 양심과 말씀의 요구를 버리고 정당하지 않은 순종을 하는 경우도 있다. 이것이 하나님께 순종하는 법에 대해서 구체적으로 배워야 하는 이유이다. 우리가 왜 순종해야 하는지 공감했다면, 순종에 대해 정확히 알고 훈련해 나가도록 하자.

순종의 대상은 하나님이다

순종에는 반드시 대상이 있다. 순종의 첫 번째 대상은 물론 하나님이다. 하나님께 순종하는 것은 무조건적이다. 하나님께서는 온전한 인격이시다. 하나님의 명령은 우리에게 전혀 해가 되지 않으며, 우리의 미래에 긍정적인 영향을 미친다. '나를 사랑하고 내 계명을 지키는 자에게는 천 대까지 은혜를 베푸느니라(출애굽기 20:6, 신명기 5:10).' 그러면 하나님께 순종한다는 것이 무엇인가? 그것은 하나님의 말씀에 순종한다는 것이다. 예수님도 자신을 사랑하는 것은 하나님을 사랑하는 것이며, 사랑이란 계명에 순종하는 것이라고 말씀하셨다. '너희가 나를 사랑하면 나의 계명을 지키리라(요한복음 14:15).'

순종한다는 것은 성령의 인도하심에 따라 하나님께서 주신 성경 말씀을 지키고 따르는 것을 의미한다. 하나님의 말씀을 떠난 순종이란 있을 수 없다. 때로 하나님께서 특별한 명령을 각 사람의 마음에 허락하실 때가 있다. 하지만 이러한 개인적인 명령 또한 성경 말씀을 벗어나지 않는다. 하나님께서 주신 말씀을 하나님께서 직접 번복하시는 일은 불가능하다. 따라서 하나님께 순종한다는 것은 하나님의 말씀을 지키는 것이라고 결론 내릴 수 있다. 하나님의 말씀인 성경은 인생의 구체적인 상황에 무엇을 어떻게 해야 할지에 대해 원칙을 제시한다. 우리는 성경 말씀을 사모하고 열심히 배워야 한다. 그리고 말씀을 따라 살아가기를 힘써야 한다. 그것이 바로 하나님께 순종하는 것이다.

순종의 대상은 사람이 되기도 한다

여기서 하나님의 중요한 사역의 원리를 짚고 넘어가야 한다. 하나님께서는 세상을 만드시고 세상의 주관자들과 권세자들을 통해 순종의 원리를 세워가신다는 것이다. 다음 말씀은 이 사실을 잘 보여준다. '각 사람은 위에 있는 권세들에게 복종하라 권세는 하나님으로부터 나지 않음이 없나니 모든 권세는 다 하나님께서 정하신 바라(로마서 13:1).' 하나님께서는 이 세상의 모든 관계에 질서를 부여하시고 순종하라고 말씀하신다. 권세에 순종하지 않는 사람은 하나님의 명령을 거스르는 것이며 심판을 받게 된다. '그러므로 권세를 거스르는 자는 하나님의 명령을 거스름이니 거스르는 자는 심판을 자취하리라(로마서 13:2).'

하나님께서 권세자들을 세우시고 순종하라고 하시는 이유는 무엇인가? 권세자들이 완벽하기 때문은 아니다. 하나님께서는 모든 인간의 악함을 아신다. 권세를 세우시지 않으면 온갖 죄악이 난무하게 될 것을 잘 아신다. 권세가 없는 세상은 그야말로 무질서와 폭력의 세상이 될 것이다. 이런 세상에 질서와 평화를 부여하기 위해 하나님께서는 권세를 세우신다. '다스리는 자들은 선한 일에 대하여 두려움이 되지 않고 악한 일에 대하여 되나니 네가 권세를 두려워하지 아니하려느냐 선을 행하라 그리하면 그에게 칭찬을 받으리라(로마서 13:3).' 우리가 악한 일을 행하려 할 때 권세자들은 우리의 두려움이 되어 악을 제어하는 역할을 한다. 권세자들이 악하더라도 없는 것보다는 낫다. 많은 사람들의 악을 제어할 수 있기 때문이다. 보이지 않는 하나님께 순종하지 않는 죄악된 우리들을 위해 하나님께서는 권세자들을 세우시는 것이다.

하나님께서 세우신 권세자들도 죄인이다. 하지만 그들은 역할에 있어서 하나님의 사역자이다. 자녀들은 나쁜 짓을 할 때 부모의 눈치를 본다. 학생들은 일탈 행위를 할 때 선생님의 지도를 받는다. 성도들은 영적으로 타락하게 되면 목회자의 책망을 받는다. 국민들은 범죄 행위를 할 때 정부 기관의 통제를 받는다. 부모나 선생님이나 목회자나 정부기관의 권세자들이 완벽한 사람들이라는 뜻이 아니다. 그들은 기능적으로 하나님의 사역자가 되는 것이다. '그는 하나님의 사역자가 되어 네가 선을 베푸는 자니라 그러나 네가 악을 행하거든 두려워하라 그가 공연히 칼을 가지지 아니하였으니 곧 하나님의 사역자가 되어 악을 행하는 자에게 진노하심을 따라 보응하는 자니라(로마서 13:4).' 권세자들은 휘두를 힘을 가지고 있다. 이러한 힘은 일반적으로 악을 행하는 자들에게 하나님의 진노를 보여주는 역할을 하게 된다는 것이다.

이제 하나님께서 부여한 권세를 가진 여러 부류의 사람들과 순종의 관계를 설명해 보자.

선지자에 대한 순종

하나님께서 하나님의 백성들에게 보내는 권세자들 중 먼저 생각해야 할 것이 선지자이다. '내가 너희에게 나의 종 선지자들을 꾸준히 보내 그들의 말을 순종하라고 하였으나 너희는 순종하지 아니하였느니라(예레미야 26:5).' 하나님께서는 말씀을 전할 선지자들을 계속해서 세우셨다. 그리고 지금도 말씀을 가르치는 자들을 세우신다. 목회자이건 평신도이건 말씀의 전문성을 갖추고 영혼들에게 말씀을 가르치는 자들은 선지자적 역할을 감당하는 것이다.

이들의 역할은 하나님의 말씀을 직접적으로 전함으로 사람들의 양심을 일깨우는 것이다. 이들의 역할은 신앙에 국한된다. 이들은 세속적인 권세를 갖지 않는다. 지금도 선지자의 역할은 영적인 부분에 국한된다. 우리는 하나님의 말씀을 전하는 선지자들의 권세를 가장 먼저 인정해야 한다. 그들에게 세속적 권세가 없지만 그래도 순종해야 한다. 하나님께서는 가장 먼저 선지자들을 통하여 우리의 양심을 비추시고 하나님의 뜻을 깨닫게 하시기 때문이다.

국가의 위정자에 대한 순종

하나님께서는 모든 민족 위에 지도자를 세우신다. 하나님께서는 이스라엘 민족 위에 모세라는 지도자를 세우셨고, 그 민족이 국가를 형성하게 될 때 사울 왕을 세우셨다. 따라서 우리는 지도자의 권세가 하나님께로부터 온 정당한 것임을 인정해야 한다. '너는 그들로 하여금 통치자들과 권세 잡은 자들에게 복종하며 순종하며 모든 선한 일 행하기를 준비하게 하며(디도서 3:1).' 또한 지도자들의 권세 하에 세워진 국가의 모든 기관들에 대해서도 순종해야 한다. 그것이 양심적인 행동이다. '너희가 조세를 바치는 것도 이로 말미암음이라 그들이 하나님의 일꾼이 되어 바로 이 일에 항상 힘쓰느니라 모든 자에게 줄 것을 주되 조세를 받을 자에게 조세를 바치고 관세를 받을 자에게 관세를 바치고 두려워할 자를 두려워하며 존경할 자를 존경하라(로마서 13:6-7).' 하나님께서는 정부 기관들을 통해 완벽하지는 않지만 사람들이 살아갈 수 있는 최소한의 환경을 만들어 가신다. 또한 하나님을 믿지 않는 사람들도 양심과 도덕에 따라 살아갈 수 있도록 통제하신다. 하나님을 믿는 사람들도 국가의 위정자와 기관들에 협조하고 따르는 것이 마땅한 일이다.

부모에 대한 순종

모든 사람이 필연적으로 만나는 첫 번째 권세는 역시 부모이다. 성경은 부모를 공경하는 것을 십계명의 하나로 가르치고 있다. 부모에게 순종하는 것은 옳은 행위이며 축복을 가져다 주는 통로이다. '자녀들아 주 안에서 너희 부모에게 순종하라 이것이 옳으니라 네 아버지와 어머니를 공경하라 이것은 약속이 있는 첫 계명이니 이로써 네가 잘되고 땅에서 장수하리라(에베소서 6:1-3).' 부모는 하나님께서 이 세상에 권위를 부여하신 이유를 가장 잘 설명해 준다. 부모는 자녀에 대해 권위를 가지고 있지만 자녀를 보호하는 역할을 한다. 사실 부모라는 권위가 없으면 올바로 성장할 수 있는 사람은 없다. 자녀는 부모의 보호를 받아 성장하며 부모의 양육으로 인간으로서의 가장 기본적인 삶의 방식을 배운다. 자녀에게 악을 가르치는 부모는 없다. 자녀는 부모의 권위에 순종하면서 악을 멀리하는 삶을 터득하게 되는 것이다.

직장의 상사나 권위자에 대한 순종

사역 현장에서 사람들을 만나 보면 상사나 권위자에게 불신을 가지고 있는 경우가 많다. 대부분의 사람들은 상사나 권위자들의 인격에 불만을 가지고 있으며, 자신이 부당한 대우를 받는다고 생각한다. 하지만 성경은 그들에게 순종하라고 가르친다. 심지어 그리스도에게 순종하듯 순종해야 한다고 말한다. '종들아 두려워하고 떨며 성실한 마음으로 육체의 상전에게 순종하기를 그리스도께 하듯 하라(에베소서 6:5).' 우리는 상사나 권위자의 인격이나 부당한 처우에도 불구하고 순종하는 태도를 가져야 한다.

불순종하는 태도는 불성실하고 태만한 일처리로 이어진다. 결국 어디에서도 인정받을 수 없게 된다. 순종의 태도는 우리를 성실하고 유능한 사람으로 만들어 줄 수 있다. '종들아 모든 일에 육신의 상전들에게 순종하되 사람을 기쁘게 하는 자와 같이 눈가림만 하지 말고 오직 주를 두려워하여 성실한 마음으로 하라(골로새서 3:22).' 순종하는 태도는 하나님을 두려워하는 마음으로 성실하게 일하게 한다. 그 결과 우리는 인정받는 사회인이 되는 것이다. 성경은 상사의 인격이나 부당한 처우에 대해 언급하지 않는다. 우리가 존경할 수 없는 어떤 상사에게도 순종하는 태도를 갖는 것이 가장 아름다운 태도이다.

영적 지도자에 대한 순종

성경은 영적 지도자인 현대의 목회자에 대해 각별한 언급들을 하고 있다. 영혼을 돌보는 목회자들에게 순종하고 즐겁게 일하도록 해야 한다는 것이다. '너희를 인도하는 자들에게 순종하고 복종하라 그들은 너희 영혼을 위하여 경성하기를 자신들이 청산할 자인 것 같이 하느니라 그들로 하여금 즐거움으로 이것을 하게 하고 근심으로 하게 하지 말라 그렇지 않으면 너희에게 유익이 없느니라(히브리서 13:17).' 목회자에게 순종하지 않는 사람들의 주된 이유는 '하나님께 순종하면 되지 사람에게 순종하지 않아도 된다는 것' 이다. 다시 한 번 언급하지만 하나님께서 세우신 권세자에게 순종하는 것이 하나님께 순종하는 것이다. 모든 성도들은 목회자가 기쁨으로 일하도록 협조해야 한다.

디모데전서에는 영적 지도자에 대한 각별한 언급이 나온다. '잘 다스리는 장로들은 배나 존경할 자로 알되 말씀과 가르침에 수고하는 이들에게는 더욱 그리할 것이니라(디모데전서 5:17).' 영적 지도자들에게는 다른 누구에게보다 더욱 존경을 보내야 한다. 그것이 말씀에 수고하는 자들에게 마땅한 도리이며, 하나님과의 관계에 있어서 매우 유익이 되기 때문이다.

순종의 한계

여기까지 언급한 내용들에 불편해진 사람들이 있을지도 모르겠다. 무조건 순종하는 것이 옳지 않을 때도 있다고 항변할 수도 있다. 이제 순종의 한계에 대해 언급할 때가 왔다. 지금까지 말한 내용은 기본적인 원칙을 설명한 것이다. 먼저 우리는 죄인이고 하나님께 순종하지 않으면 살아갈 수 없는 존재임을 인정하자.

우리에게는 두 가지 원칙이 필요하다. 첫째는 순종이라는 것이 성도들에게 필수적이고 당연한 것이라는 것이다. 둘째는 국가나 기업, 가정과 교회에서 권세자들에게 순종하는 것은 우리가 악하고 태만한 사람이 되지 않기 위한 하나님의 현명한 조치라는 것이다. 우리는 하나님께 전적으로 순종해야 하고, 하나님께서 세우신 권세자들에게 순종의 태도를 갖추어야 한다.

그럼에도 불구하고 이 세상의 '모든' 권세자들에게 '무조건' 순종하는 것은 성경의 가르침이 아니다. 성경은 권세자의 요구가 하나님의 뜻을 명백히 거스르게 될 때, 하나님의 뜻을 따르는 것이 옳다고 가르친다. 분명히 말하고 싶은 것은 권세자의 명령이 하나님의 뜻과 명백히 어긋날 때만 순종의 예외가 생긴다는 것이다.

초대교회는 이 문제에 대해 고민했다. 교회를 핍박하고 하나님께서 명하신 복음 전하는 일을 금하는 권세자들에 대해 어떻게 해야 할지 생각해야 했다. 초대교회는 다음과 같이 정리했다. '베드로와 사도들이 대답하여 이르되 사람보다 하나님께 순종하는 것이 마땅하니라(사도행전 5:29).' 권세자들의 명령이 하나님의 뜻과 명백히 어긋나는 경우, 즉 권세자들이 믿음에 반하는 요구를 할 때에는 하나님의 뜻에 순종하는 것이 옳다는 것이다. 부모에게 순종하라는 명령을 기록한 에베소서에서 '주 안에서' 부모에게 순종하라고 말씀한다. '주 안에서'라는 말은 '주님께서 명하신 말씀의 테두리 안에서'라는 말이다. 국가의 위정자에서 가정의 부모에 이르기까지 세상의 권세자들이 하나님의 뜻과 명백히 반대되는 요구를 할 때, 우리는 때로는 지혜롭고 때로는 단호하게 거부

할 수 있어야 한다.

이 문제에 대해 이해하는 데 역사가 많은 도움을 줄 수 있다. 우리는 독일의 나치 정권에 동조했던 많은 기독교 지도자들이 잘못된 순종을 했음을 잘 알고 있다. 우리는 일제 정권에 동조하여 신사참배까지 용인했던 교회의 지도자들과 군부 독재 정권을 눈감아 주었던 교계의 유력 인사들이 역사적 과오를 범했음을 잘 알고 있다. 비자금을 형성하고 공금을 유용할 목적으로 부당한 명령을 하는 상사의 요구에 그대로 순종하는 것은 하나님의 뜻이 아니다. 신앙을 버리라고 강요하는 부모의 요청에 그대로 따르는 것도 옳지 않다. 하나님의 뜻을 명백히 거스르는 교회의 지도자들에게 무조건적 순종과 존경을 보내는 것은 악에 동참하는 일이다.

순종의 한계는 분명히 설정된다. 하나님께서 허락하신 권세자들이 하나님의 뜻을 명백히 거스를 때까지 우리는 순종해야 한다. 개인적인 감정이나 관계의 문제나 사사로운 유익을 따라 순종의 여부를 결정해서는 안된다. 권세자들이 하나님의 뜻을 거스르는 경우는 생각보다 많지 않다. 하지만 명백히 하나님의 뜻에 위배되는 권세자들의 명령에 순종해야 하는 경우가 생긴다면 하나님께서 순종에 예외를 허락하실 것이다. 하나님께서는 우리의 양심에 분명한 음성을 주실 것이다.

순종의 태도 훈련

순종에 관한 주제에서 우리가 훈련해야 할 것은 먼저 지금까지 언급한 순종의 원칙을 분명히 익히는 것이다. 그리고 하나님과 하나님께서 세우신 권세자들에 대해 끝까지 순종의 태도를 유지하는 것이다. 순종의 태도는 인격을 존중하며 공손히 말하는 것이다. '종들은 자기 상전들에게 범사에 순종하여 기쁘게 하고 거슬러 말하지 말며(디도서 2:9).' 우리는 순종해야 할 대상을 존중해야 하며, 그의 명령에 순종할 수 없는 명백한 이유가 있을 때에라도 공손히 말하는 태도를 유지해야 한다.

만약 순종할 수 없다면 공손히 의사를 밝히고, 순종해야 할 위치에서 벗어나는 것이 좋다. 직장의 상사가 계속해서 부정한 일을 요구한다면 공손히 직장에서 벗어나는 것이 좋다. 교회의 지도자가 명백히 부도덕한 일을 모의하고 따를 것을 요청한다면 공손히 함께 할 수 없음을 말하고 떠날 수 있다. 하지만 어떤 경우에도 인격을 존중하는 공손한 태도를 유지하는 것이 순종이다.

공손한 태도는 유익하다. 불의한 명령을 거절하는 자를 보호한다. 또한 불의한 권세자의 양심이 움직이게 할 수 있다. 우리에게 부모가 잘못된 일을 요청하면, 부모의 권위와 수고를 인정하고 공손히 거절해야 한다. 부모의 잘못된 요청 하나로 부모의 권위와 인격을 모독해서는 안된다.

우리는 순종이 우리에게 얼마나 중요한 것인지를 늘 잊지 말아야 한다. 우리는 죄인이므로 순종이 없이는 스스로의 삶을 세워갈 수 없는 불의한 자임을 인정해야 한다. 그리고 하나님의 말씀에 무조건 순종하는 것과 세상의 권세자들에게 순종의 태도를 유지하는 것을 훈련해야 한다. 순종의 훈련은 우리의 미래를 아름답게 바꿀 것이다.

• 제9장

인내를 훈련하라

인내에 대한 교훈

초등학교 4학년 때의 일이다. 하루는 아침에 학교에 갔는데 약간 감기 기운이 있었는지 몸이 좋지 않았다. 오전 수업을 마쳤다. 여전히 기운이 나질 않았다. 물론 견디지 못할 정도로 심각한 정도는 아니었다. 나는 고민했다. 조퇴를 하고 집에 갈까? 아니면 수업을 다 마치고 집에 갈까? 당시 나의 담임선생님께서는 매우 관대한 분이셨다. 조퇴를 신청하면 쉽게 보내주실 것 같다는 확신이 들었다. 나는 조퇴를 신청했고, 선생님께서는 쾌히 승낙하셨다. 나는 30분 정도를 걸어서 집에 도착했다.

집에 도착했을 때, 아버지께서 나를 보셨다. 나를 보시자

마자 "왜 일찍 집에 왔느냐"고 물으셨다. 나는 몸이 아파서 조퇴를 했다고 대답했다. 아버지께서 나에게 평생 잊지 못할 말을 하셨다. "집에까지 걸어올 수 있는 힘이 있으면 충분히 수업을 마칠 때까지 참을 수 있을 텐데 왜 집에 왔니? 다시 돌아가서 수업을 마치고 와라."

앞이 캄캄했다. 아버지에게 서운한 마음이 든 것은 당연하다. 다시 가는 것도 귀찮은 일이었지만, 선생님과 같은 반 친구들에게는 뭐라고 말해야 할 지 고민이었다. 아이들이 나를 비웃을 것 같은 생각에 부끄러웠다. 어쨌든 나는 아버지 말씀대로 다시 30분을 걸어 '무사히' 그 날의 두 번째 등교를 했다. 학교에 도착했더니 점심시간이 끝나고 5교시 수업이 진행되고 있었다. 쑥스러워 선뜻 들어가지 못하고 창밖을 서성이던 나를 선생님께 발견하셨다. 나는 수업에 복귀했고, 아무 일 없이 수업을 마치고 두 번째 하교를 할 수 있었다. 그 때 이후로 나는 대학에 들어갈 때까지 한 번도 지각이나 결석을 하지 않고 학교를 다녔다. 물론 조퇴를 한 적도 없다. 아니 정확히 말하면 조퇴를 할 정도로 인내하지 못할 상황이 나에게 더 이상 없었다. 힘들고 지쳐도 조금 인내하다 보면 새로운 힘이 생기는 것을 느낄 수 있었다.

나는 그 때 아버지께 가장 큰 상처를 받을 수도 있었다. 비뚫어져 나갈 수도 있었다. 그러나 오히려 나는 그 때 인내에 대한 가장 큰 인생의 교훈을 얻었다. 지금 생각해 봐도 아버지의 말씀은 옳았다. '집에 걸어 올 수 있는 힘이 있다면 충분히 수업을 받을 수 있다.' 아버지께서는 내 평생에 한 번도 '인내'라는 것에 대해 일장 연설을 하시지 않았다. 길게 훈계하신 적도 없다. 아버지는 단 한 번의 경험을 통해 '인내'하면 거의 모든 일이 가능하다는 사실을 가르쳐 주셨다.

나는 그 가르침 때문에 지금까지 대체로 만족스러운 인생을 살아올 수 있었다. 내 인생에 엄살이나 핑계는 낯선 단어가 되었다. 조금 힘들고 어려운 상황이 생겨도, 미래에 찾아올 기쁨을 생각하면서 인내할 수 있었다. 학창 시절에 단칸방의 환경에 살았지만, 미래를 위해서 인내하며 공부할 수 있었다. 장차 다가올 하나님 나라의 영광을 위해 인내하며 사역을 감당할 수 있게 되었다. 모두 아버지의 교훈 때문이다. 히브리서 말씀이 너무나 가슴 깊이 은혜가 된다. '믿음의 주요 또 온전하게 하시는 이인 예수를 바라보자 그는 그 앞에 있는 기쁨을 위하여 십자가를 참으사 부끄러움을 개의치 아니하시더니 하나님 보좌 우편에 앉으셨느니라(히브리서 12:2).'

참지 못하는 세대

이 시대는 인내가 사라진 시대이다. 우리 주위에는 작은 시련에도 쉽게 삶을 포기하고 절망하는 수많은 젊은이들이 있다. 심지어는 스스로 죽음을 선택하는 안타까운 영혼들도 있다. 들어보면 다 사연이 있다. 그러나 죽을 용기가 있었다면 충분히 인내하고 새로운 삶을 구상할 수 있지 않았을까?

최근 사소한 이유로 분을 참지 못하고 살인과 같은 심각한 범죄를 저질러 돌이킬 수 없게 되는 경우가 많아지고 있다. 청소년들은 당장의 쾌락과 즐거움을 뿌리치지 못하고 탈선하여 미래를 그르치고 있다. 어디에서도 참고 인내하라는 가르침을 볼 수 없다. '당장 즐기라'는 문구들만이 온 세상을 뒤덮고 있다. 마치 하루만 살고 죽을 것처럼 먹고 마시고 즐긴다. 미래를 위한 아름다운 인내를 찾아보기 어렵다. 이에 대한 다양한 원인들이 제시되고 있지만, 특별한 해결방법은 없는 것 같다.

현대인들은 인내심을 상실하고 있다. 그 이유는 무엇일까? 두 가지로 정리해 볼 수 있다. 첫째는 우리가 너무나 많은 것을 쉽게 즐길 수 있는 시대에 살고 있다는 것이다. 분명 이 시대는 약간의 돈만 있다면 모든 것을 누릴 수 있는 시대이다. 과거에는 상상할 수 없을 만큼 많은 것들을 쉽게 누리고 있다. 그 결과 모든 사람들은 당장 마음대로 할 수 없는 상태를 참을 수가 없게 되었다.

둘째는 우리에게서 꿈과 비전이 사라졌다는 것이다. 사람들이 인내할 수 있는 이유는 미래에 대한 소망이 있기 때문이다. 그런데 하나님을 떠난 이 세대는 비전을 상실했다. 당연히 미래에 대한 소망이 없어졌다. 당장 즐기고 당장 편안한 것이 최고의 가치가 되었다. 인내를 기대할 수 없게 된 것이다.

하나님과 멀어지면 인생의 목적을 찾기가 어려워진다. '하루를 살더라도 편안히 즐기면서 살자'는 사고가 편만해진다. 모두가 먹고 즐기는 일에 몰두한다. 쾌락에 매진한다. 미래를 위해서 오늘 하루를 가치 있게 살아가려는 사람들이 없어진다. 사람들은 모두 하루를 위해서 살아간다. 하루를 즐기면 그만이라는 생각이 사람들을 지배한다. 장차 영원히 펼쳐질 하나님 나라에 대한 소망도 없어졌다. 하나님을 멀리하며 자신의 욕망을 채우는 일에 몰두하게 된 현대 사회에서 인내심이 상실되는 것은 우연이 아니다. 하나님과 멀어진 인간은 통제 능력을 잃어버리고 있다. 모든 것을 누리고 즐길 수 있다고 연일 떠들어대는 대중 매체를 통해 모든 사람들은 욕망을 찾아 헤맨다. 통제 능력이 사라진 인간이 욕망을 찾아 헤맬 때 미래는 암담하다. 인내가 사라진 시대에는 죄악만이 가득하게 된다. 모두가 불행해진다.

인내의 중요성

인내란 어떤 괴로움이나 어려움을 참고 견디는 것을 말한다. 그러나 무조건 참고 견디는 것을 인내라고 하지 않는다. 동물들에게도 견디는 능력이 있다. 배고픔과 추위를 견딘다. 그러나 그것을 인내라고 하지 않는다. 성경에서 말하는 인내는 무조건 무엇인가를 참고 견디는 것을 말하지 않는다. 성경에서 말하는 인내는 어떤 목적이나 미래의 소망을 바라보며 하고 싶은 것, 먹고 싶은 것, 자고 싶은 것 등 본성의 욕구를 제어하며, 분노와 시기와 정욕 등 죄의 유혹을 통제하는 것을 말한다.

믿음으로 성공한 모든 인물들에게는 공통적으로 인내가 발견된다. 우리는 하나님을 바라보면서 형들에게 버림받은 일과 애굽에서의 종살이와 억울한 감옥 생활을 다 인내한 요셉을 잘 알고 있다. 우리는 죽음의 위협과 광야의 척박함과 아들의 반역까지도 모두 인내한 다윗을 잘 알고 있다. 우리는 사람들의 오해와 수많은 핍박을 다 인내한 바울을 잘 알고 있다. 이들에게 하나님을 바라보며 인내하는 마음이 없었다면, 모두 실패자의 인생이 되었을 것이다.

세상에 인내하지 않고 하고 싶은 대로 해서 되는 일은 아무 것도 없다. 사람이 무슨 일을 이루려 하든지 방해하는 요소들이 있다. 음식이나 잠과 같은 사소한 것에서부터, 외부적인 핍박과 방해에 이르기까지 다양하다. 우리는 이렇게 방해하는 요소들이 많음을 잘 알고 인내를 훈련해야 한다. 〈마시멜로 이야기〉라는 책은 달콤한 마시멜로의 유혹을 인내할 수 있는 어린이가 인생에 성공할 수 있는 확률이 높다는 것을 보고하고 있다. 사실 성도들의 진정한 성공은 죄로 가득한 본성의 욕구를 얼마나 제어하고, 하나님께서 주신 인생의 비전과 미래의 소망을 향해 인내할 수 있느냐에 따라 달려 있다.

성경은 '인내를 온전히 이루라 이는 너희로 온전하고 구비하여 조금도 부족함이 없게 하려 함이라(야고보서 1:4)'고 말한다. 인내를 이루면 온전하게 구비된 사람이 될 것이라고 말하고 있다. 인내를 갖추면 우리에게는 거의 모든 것이 가능해진다. 부족함이 없는 온전한 삶에 가까워질 수 있다. 반대로 인내가 없으면 다른 능력이 많아도 늘 아무 것도 이룰 수 없는 사람이 된다. 능력이 없어도 인내하고 될 때까지 하는 사람과 능력은 많지만 될 때까지 인내하지 못하는 사람 중

누가 인생에 성공하겠는가?

인내는 학업과 일의 성취에 반드시 필요하다. 모든 관계에 있어서도 마찬가지다. 참고 인내하는 사람이 사람을 얻는다. 문제를 일으키는 자식을 참고 인내하며 보살피는 부모가 자식의 변화를 볼 수 있다. 배우자의 부족함을 인내하며 격려하는 사람이 배우자의 성공을 보게 되는 것이다. 믿음에 있어서 인내의 가치는 최고조에 달한다. 사실 믿음 안에서 하나님께서 예비한 미래의 축복을 누리려면 인내는 필수적이다. 거친 광야 길과 배고픔과 목마름을 인내하지 못한 출애굽 세대는 대부분 그들에게 약속된 가나안 땅에 들어가지 못했다.

인내는 모든 성취의 근원이다. '보라 인내하는 자를 우리가 복되다 하나니 너희가 욥의 인내를 들었고 주께서 주신 결말을 보았거니와 주는 가장 자비하시고 긍휼히 여기시는 이시니라(야고보서 5:11).' 욥은 인내함으로 온전한 삶을 이루었다. 하나님께서 욥에게 축복을 더하셨다. 인내를 훈련하라. 그러면 당신은 분명 하나님께서 목적하신 아름다운 삶을 누리게 될 것이다.

믿음의 조건인 인내

예수께서는 씨 뿌리는 자의 비유를 통해서 씨가 뿌려지는 네 가지 조건을 말씀하셨다. 그 중 두 번째가 바로 돌밭이다. 돌밭에 뿌려진 씨는 싹이 나지만 햇빛이 날 때 곧 말라 버린다. 돌밭은 인내가 없는 신앙을 말한다. '그 속에 뿌리가 없어 잠시 견디다가 말씀으로 말미암아 환난이나 박해가 일어날 때에는 곧 넘어지는 자요(마태복음 13:21).' 작은 환난이나 핍박이 찾아오면 금방 쓰러져 버리는 신앙으로는 아무 것도 기대할 수 없다. 반면 인내하는 신앙은 하나님께서 주시는 모든 것을 얻을 수 있다. '너희의 인내로 너희 영혼을 얻으리라(누가복음 21:19).'

열매를 맺는 좋은 땅은 바로 인내하는 마음이다. '좋은 땅에 있다는 것은 착하고 좋은 마음으로 말씀을 듣고 지키어 인내로 결실하는 자니라(누가복음 8:15).' 당신의 인생 여정에 믿을 수 없는 놀라운 결과를 얻고 싶다면, 그런 결과들을 단순히 꿈꾸는 것으로는 부족하다. 인내로 주님의 말씀을 지키며 살아야 한다. 착하고 좋은 마음은 주님의 뜻에 순종하기 위하여 어려움과 맞서 인내하는 마음인 것이다.

믿음은 성경에 기록된 것을 사실로 인정하는 것이 아니다. 기독교 신앙은 삼위일체 하나님과의 인격적인 관계이며, 그 인격적인 관계는 하나님의 말씀을 순종하는 행위에서 드러난다. 하나님의 말씀을 인격적으로 순종하는 일에는 필수적으로 인내가 필요하다. 순종에는 수고가 따르기 때문이다. '성도들의 인내가 여기 있나니 그들은 하나님의 계명과 예수에 대한 믿음을 지키는 자니라(요한계시록 14:12).' 말세에 믿음을 흔드는 사탄의 계략을 이기려면 인내를 훈련해야 한다. 세상이 더욱 악해져 간다. 그 안에서 신앙을 유지하여, 주님의 자녀로 살아가려면 인내만큼 중요한 덕목이 없다. 우리가 온전한 신앙을 이루기 위해 인내하면, 하나님께서 우리에게 이 세상을 이기는 승리자의 면류관을 허락하실 것이다. 하지만 우리가 인내하지 못하고 행위로 주를 부인하면 주님의 인정을 받지 못한다. '참으면 또한 함께 왕 노릇 할 것이요 우리가 주를 부인하면 주도 우리를 부인하실 것이라(디모데후서 2:12).' 이제 인내를 훈련하기 위해 다음에 제시된 방법을 따라 훈련하기를 권한다.

미래의 소망을 바라보라

앞에서도 이야기했지만 인내는 무조건 참는 것이 아니다. 무조건 참는 것은 후에 문제를 더 크게 만들 수 있다. 진정한 인내를 이루려면 늘 미래의 소망을 바라보는 훈련을 해야 한다. 사탄은 늘 우리의 마음에 소망 대신 절망을 가져다 준다. 늘 부정적이고 어두운 생각을 주입한다. 소망이 없으면 인내하지 않는다는 것을 잘 알기 때문이다. 따라서 성도는 지금은 잘 보이지 않지만, 미래에 하나님께서 이루실 놀라운 일들을 말씀을 보며 기도하는 중에 그려볼 수 있어야 한다. 하나님께서 만드실 아름다운 미래에 대한 소망을 기대하면, 인내는 생각보다 쉬워진다. 학생이 어떻게 놀고 싶은 유혹을 뿌리치고 인내하며 공부하는가? 미래의 소망이 있으면 가능하다. 따라서 인내를 온전히 이루기 위해 하나님과 교제하며 소망을 잃지 않는 것이 우선되어야 한다.

'부당하게 고난을 받아도 하나님을 생각함으로 슬픔을 참으면 이는 아름다우나(베드로전서 2:19).' 때로는 부당하게 고난을 받을 때도 있다. 생각지도 못한 환난을 겪을 수도 있다. 가족을 잃는 슬픔, 부당한 해고, 사람들의 오해와 시기 등 어려운 일들이 많이 있을 수 있다. 믿음을 지키면 힘겨운 일들이 많을 수 있다. 하지만 인내하면 그 결과는 너무나 찬란하다. 세상을 즐기고 싶은 유혹을 버리고, 하나님께서 주실 축복을 기대하며 인내로 기도의 자리에 나아가라. 원수 갚고 싶은 마음을 하나님 앞에 내어 놓고, 인내하며 원수를 위해 기도하라. 몸이 떨리게 만드는 부당한 대우가 있었더라도 인내하고 선한 일을 행하라. 슬픔과 고통이 찾아올 때, 인내하고 주님 앞에 나와서 위로를 구하라. 하나님께서 놀라운 미래를 준비하고 계신다.

데살로니가 교회의 성도들은 자신들의 신앙 때문에 많은 박해를 받았다. 하지만 그들은 신앙의 절개를 굽히지 않았다. 사도 바울은 그들을 칭찬하면서 특히 '소망의 인내'를 강조했다. '우리 주 예수 그리스도에 대한 소망의 인내를 우리 하나님 아버지 앞에서 끊임없이 기억함이니(데살로니가전서 1:3).' 데살로니가 성도들은 그냥 견디고 참은 것이 아니다. 그들은 분명 하나님께서 자신들에게 이루실 아름다운 미래와 천국을 소망했다. 우리에게 필요한 것은 바로 데살로니가 성도들의 '소망의 인내'다.

시련에 당당히 맞서라

하나님께서 우리에게 약속하신 축복은 인내로 신앙을 경주한 사람에게만 주어진다. '너희에게 인내가 필요함은 너희가 하나님의 뜻을 행한 후에 약속하신 것을 받기 위함이라(히브리서 10:36).' 하나님께서 약속하신 미래의 축복은 그냥 '아멘' 한다고 주어지는 것이 아니다. 간절히 바란다고 주어지는 것도 아니다. 인내로 끝까지 믿음을 붙잡을 때 결과적으로 주어지는 것이다. 그러면 인내는 어떻게 생기는가? 인내는 인내의 경험을 통해서만 생긴다. 태어날 때부터 인내를 훈련 받아 태어나는 사람은 없다. 살아가면서 인내를 훈련한 사람만이 인내할 수 있다.

인내는 좋은 두뇌와 같이 태어날 때부터 생기는 것이 아니다. 성경은 인내를 달란트로 말하지 않는다. 달란트란 하나님께서 태어날 때부터 주신 것이다. 달란트는 공평하지 않다. 하나님의 주권에 달린 것이다. 인내는 그런 달란트가 아니다. 모두가 훈련하여 받아야 하는 것이다. 인내는 시련을 이기는 자에게 주어지는 공평한 선물인 것이다. '이는 너희 믿음의 시련이 인내를 만들어 내는 줄 너희가 앎이라(야고보서 1:3).'

훌륭한 부모는 자녀에게 인내를 가르친다. 자녀가 먹고 싶으면 먹고, 자고 싶으면 자고, 놀고 싶으면 놀게 내버려두면 좋은 부모가 될 수 없다. 때로는 먹고 싶어도 참아야 할 때가 있고, 자고 싶어도 참아야 될 때가 있고, 놀고 싶어도 참고 공부해야 할 때가 있다는 것을 가르쳐야 한다. 그렇게 훈련된 자녀에게 인내심이 주어진다. 누가 자녀가 시련을 당하거나 어려운 일을 감당하는 것을 기뻐하겠는가? 모두 인내를 훈련시키기 위한 과정이다.

하나님께서도 성도들에게 때때로 의도적으로 시련을 주신

다. 그것은 마치 코치가 자신이 맡은 선수에게 강한 훈련을 요구하는 것과 같다. 하나님께서 시련을 주시는 이유는 우리에게 인내를 이루게 하시기 위함이다. 시련을 통해 우리가 인내를 얻게 되면 하나님의 약속하신 생명의 면류관을 얻게 될 수 있기 때문이다. '시험을 참는 자는 복이 있나니 이는 시련을 견디어 낸 자가 주께서 자기를 사랑하는 자들에게 약속하신 생명의 면류관을 얻을 것이기 때문이라(야고보서 1:12).' 우리는 시련을 만났을 때 인내를 훈련할 수 있는 기회로 인식하고 기뻐해야 한다.

인내는 누구나 얻을 수 있지만, 누구나 얻을 수는 없는 것이다. 어렸을 때 사탕을 먹고 싶은 욕구를 참도록 훈련되면, 그는 후에 더욱 큰 유혹도 인내할 수 있다. 작은 어려움을 이기도록 훈련되면, 더욱 큰 어려움을 이기게 되는 것이다. 이제 시련과 환난이 찾아올 때, 나의 인내 지수가 높아지겠구나 생각하며 즐거워하라. '다만 이뿐 아니라 우리가 환난 중에도 즐거워하나니 이는 환난은 인내를, 인내는 연단을, 연단은 소망을 이루는 줄 앎이로다(로마서 5:3-4).'

대부분의 위대한 인물은 척박한 환경에서 나온다. 척박한 환경을 좋다고 말할 수는 없다. 일부러 척박한 환경에 처할 필요도 없다. 하지만 분명한 것은 척박한 환경이 인내를 만들고, 인내는 하나님께서 주실 미래의 소망을 이룰 수 있게 해 준다. 우리의 구주 예수님은 앞에 있는 기쁨을 위하여 십자가의 고통을 참으셨다. 그리고 현대를 사는 우리들에게 모범이 되셨다. 우리 모두가 예수님의 인내를 배워 모든 믿음의 시험들을 이겨낸다면, 놀라운 미래의 축복이 우리의 것이 될 것이다.

• 제10장
섬김을 훈련하라

섬김의 기회

영국의 메리 여왕은 선정을 베풀어서 백성들에게 존경받는 왕이었다. 메리 여왕은 가끔 허름한 복장을 하고 거리를 다니면서 백성들의 생활을 살피곤 했다. 어느 날 거리를 다니며 민심을 살피고 있었는데 갑자기 소나기가 쏟아지기 시작했다. 모두가 남의 집 처마 밑이나 상점 안으로 들어가 비를 피했다. 메리 여왕도 한 가게에 들어가서 우산 하나를 빌려 달라고 말했다. 주인은 거절하지 않고 우산을 넣어둔 곳에 가서 여러 종류의 우산을 살피다가 가장 오래 되어 보이는 우산살이 부러진 것을 골라 "돌려주지 않아도 괜찮으니 쓰라"고 주었다. 마치 폐품을 청소하는 양 주는 것이었다.

그는 그녀가 메리 여왕인지는 꿈에도 생각하지 못했다.

이튿날 화려한 마차가 이 가게 앞에 와서 멈추더니 왕실의 고관이 내려, 가게 안으로 들어왔다. "메리 여왕께서 어제 이 집에서 빌려간 우산을 가지고 왔습니다. 고마웠다는 말씀도 전하라고 하셨습니다"라고 말했다. 그제야 이 가게 주인은 제일 좋은 우산으로 여왕을 섬기지 못한 것에 대해 크게 후회했다는 이야기가 전해지고 있다. 만약 상점의 주인이 주위에서 구해서라도 좋은 우산으로 섬기며, 그녀에게 우산 뿐 아니라 젖은 옷을 대신할 수 있는 천과 비를 맞아 추운 몸을 녹일 수 있는 따뜻한 음료와 빵과 치즈를 대접했다면 어떻게 되었을까? 상점 주인의 인생은 크게 달라졌을 것이다. 여왕이 자신을 대접한 대로 상점 주인을 대접했을 것이 분명하기 때문이다.

섬김의 기회는 훈련되지 않은 사람에게 찾아오지 않는다. 상점의 주인은 다른 사람을 따뜻하게 환대하고 섬기는 일을 평소부터 하지 않았던 사람이다. 따라서 결정적인 순간에도 섬길 수 없었던 것이다. 예수님의 가르침대로 섬기는 것을 훈련하면 당신의 삶에 놀라운 일이 벌어진다.

리브가의 섬김

창세기에 리브가라는 여인이 등장한다. 사람들은 리브가를 이삭의 아내요, 현숙한 여인으로 기억한다. 하지만 창세기 24장에 등장하는 리브가는 아직 결혼을 하지 않은 활달한 처녀였다. 그녀는 가끔 어머니의 일을 도와 물을 뜨러 우물에 다녔던 평범한 동네 처녀였다. 리브가는 후에 운명적이고 행복한 결혼을 꿈꾸는 모든 여인들의 기도제목이 되었다. 하지만 리브가는 결혼을 위해 작정기도를 열심히 해서 운명적인 결혼을 하게 된 것이 아니었다. 리브가와 같이 순적히 배우자를 만나게 해 달라고 기도하는 여성들이 있다면 이 글을 잘 보라. 리브가의 결혼은 하나님께서 갑자기 이루어주신 갑작스러운 기도 응답이 아니었다.

아브라함은 나이가 많았다. 모든 부모의 마음이 그렇듯이 아브라함은 아들 이삭의 결혼이 아름답게 성사되기를 바랐다. 아브라함은 가장 소중히 여기는 종에게 이삭의 아내가 될 사람을 구해오기를 요청했다. 아브라함이 살던 곳은 가나안이다. 그 곳에는 하나님을 알지 못하는 여인들이 많았다. 따라서 아브라함은 함께 하나님을 섬겼던 사람들이 살고 있는 자신의 고향 메소보다미아로 가서 믿음의 여인을 택하여 오기를 원했다.

아브라함의 종은 주인 아브라함에게 맹세하고 이삭의 아내를 구하기 위해 주인의 낙타 열 필과 주인의 모든 좋은 것을 가지고 메소보다미아로 떠났다. 아브라함의 종은 여인을 구하기 전에 하나님께 기도했다. 그리고 자신과 짐승들에게 물을 마시도록 섬기는 여인이 있다면 이삭의 아내로 여기겠다고 다짐했다.

그가 메소보다미아 나홀 성에 이르렀을 때는 저녁이었다. 당시 사람들은 뜨거운 태양이 저무는 저녁때가 되면 물을 길으러 나와야 했다. 물을 긷는 일은 여인들이 주로 담당했다. 깊은 우물에서 가족들이 쓰는 데 필요한 물을 긷는 일은 여성들에게 버거웠을 것이다.

얼마 있다가 물 길으러 오는 여인이 있었다. 그녀가 물을 채워 우물에서 올라올 때, 아브라함의 종은 물을 마시게 해 달라고 요청했다. 그녀는 급히 물동이를 내려 처음 본 나그네를 대접했으며, 요구하지도 않았는데 나귀들에게까지도 물을 떠 먹였다. 또한 쉴 곳을 찾는 나그네에게 자신의 집에서 머물 수 있도록 했다. 리브가는 자신의 일이 바쁜데도 불구하고 나그네에게 선뜻 물을 주는 수고를 했을 뿐만 아니라, 나귀들을 위해 엄청난 수고를 기꺼이 감당했다. 그녀가 바로 리브가였다. 그녀는 섬기는 훈련이 잘 된 여성이었다.

결국 리브가의 섬김은 아브라함의 종을 감동시켰다. 리브가는 결국 이 섬김으로 인해 믿음의 조상인 이삭의 아내가 될 수 있었으며, 지금까지도 우리에게 가장 아름다운 여인으로 기억되고 있는 것이다. 사실 리브가는 행동하는 믿음을 가진 여인이다. 후에 리브가는 한 번도 만나본 적이 없는 이삭과의 결혼을 믿음으로 받아들인다. 그녀는 하나님의 섭리에 순종하겠다는 믿음을 가진 여인이었던 것이다. 그녀의 믿음은 결국 섬김으로 나타났다. 그 섬김은 그녀의 인생을 바꾸었다.

섬김은 뭔가를 바라고 접대하는 것을 말하는 것이 아니다. 예수님께서는 헐벗고 굶주린 자들을 섬기는 것이 결국 예수님을 섬기는 것이라고 말씀하셨다. 헐벗고 굶주린 자들을 섬기는 것이 당장에 뭔가 유익을 주지 않을 수도 있다. 자신에게 아무 유익이 없을 것을 알고도 섬기는 것이 진정한 섬김이다.

섬김의 조건

국어사전은 '섬김' 혹은 '섬기다'라는 말을 '사람이 신을 모시는 것, 혹은 아랫사람이 윗사람을 잘 받드는 것'이라고 설명한다. 그러나 성경에서 '섬긴다'는 말은 결국 우리의 이

웃, 특히 섬김을 받아야 할 형편에 있는 사람을 섬기는 것을 말한다. 자기의 윗사람을 섬기는 것은 당연하다. 하지만 진정한 섬김은 '내가 섬겨야 할 필요가 없는 사람을 섬기는 것'이다. 성경은 결국 하나님을 사랑하는 것과 이웃을 사랑하는 것을 가르치고 있다. 약한 사람과 어려운 위치에 있는 사람을 섬기는 것이 바로 성경에서 말하는 진정한 사랑이다.

사도 바울은 '형제들아 너희가 자유를 위하여 부르심을 입었으나 그러나 그 자유로 육체의 기회를 삼지 말고 오직 사랑으로 서로 종노릇하라(갈라디아서 5:13)'고 말씀한다. 예수님은 하나님의 아들로서 권세를 가지고 계셨지만, 자신의 육체를 위해 그 권세를 사용하지 않으셨다. 자신을 위해 떡을 만들어 먹지 않았다. 오히려 광야에서 굶주린 많은 백성들에게 떡을 나누어 주었다. 예수님은 주와 선생이 되어 제자들의 발을 씻겨 주셨으며, 자신의 몸을 다 드려 우리를 구원하시려는 하나님의 뜻을 이루셨다. 예수님께서는 이 세상에 섬기러 오셨다. '인자가 온 것은 섬김을 받으려 함이 아니라 도리어 섬기려 하고(마가복음 10:45),' 나아가 예수님을 주님으로 고백하는 우리가 서로 섬기게 하시려고 이 세상에 오신 것이다. '내가 주와 또는 선생이 되어 너희 발을 씻었으니 너희도 서로 발을 씻어 주는 것이 옳으니라 내가 너희에게 행한 것

같이 너희도 행하게 하려 하여 본을 보였노라(요한복음 13:14-15).'

이제 우리는 섬김을 훈련해야 한다. 예수님께서 우리를 위해 죽으신 것은 우리도 서로 희생으로 섬기며 살아가게 하시기 위함이었기 때문이며, 섬김이 우리에게 하나님의 축복을 가져오기 때문이다. 우리는 리브가를 보면서 진정한 섬김의 훈련을 할 수 있다.

섬김은 인격적 존중과 높임이다

리브가에게서 볼 수 있는 섬김의 조건은 섬김을 받는 사람에 대한 인격적 존중과 높임의 모습이다. 리브가는 물을 요청하는 낯선 남자에게 '내 주여 마시소서'라고 말한다. 리브가는 기력이 쇠한 아브라함의 늙은 종에게 극진한 높임의 언어를 사용한다. '주'라는 표현은 상대방에 대한 인격적 존중을 표현한다. 이러한 표현은 섬김을 받는 사람의 마음을 아름답게 보호한다. 혹 상할 수 있는 자존심을 보호하며, 진정으로 존중을 받고 있다는 느낌을 주게 된다.

작은 일을 해주면서 상대방을 무시하는 태도와 말투를 보이는 것은 상대방을 섬기는 것이 아니라, 자신을 높이려는 태도이다. 섬김의 목적이 자기 자신에게 있는 것이다. 리브가는 자신에게 도움을 요청하는 사람을 채우는 데 목적을 두고 섬기고 있다. 이것이 바로 진정한 섬김을 가능하게 하는 것이다. 말과 태도에서 인격적 존중과 높임을 훈련하라.

섬김은 자신의 일을 멈추는 것이다

리브가는 아브라함의 늙은 종의 요청에 자신의 일을 멈추고 섬겼다. 리브가는 바빴다. 저녁 시간에 물을 떠 나르는 것은 가족을 위해 매우 중요한 일이기도 했다. 하지만 리브가는 자신의 일을 잠시 멈추고, 상대방의 필요를 채우는 일에 집중한다. 상대방의 요청에 즉각적으로 반응한다. '급히 물동이를 손에 내려 마시게 하고.'

진정한 섬김의 조건은 자신의 일을 멈추는 것에 있다. 한가할 때 섬긴다는 것은 섬기지 않는다는 것이다. 바쁜 현대 사회에서 자신의 일을 중단하지 않고 섬길 수 있는 사람은 없다. 선한 사마리아인을 보라. 강도당한 사람을 누가 섬겼는가? 사마리아인은 자신의 가던 길을 멈추었다. 레위인과 제사장은 자신의 가던 길을 갔다. 자신의 일을 멈추었던 사마리아인이 결국 강도 당한 사람을 섬길 수 있었다. 막연히 한가한 시간이 생기기를 바라지 말고, 중요한 일에 시간을 할애하듯이 섬김을 위해 자신의 일을 멈춰 보라. 섬기고도 남는 시간이 생길 것이다. 섬기기 위해 자신의 일을 멈추는 훈련을 하라.

섬김은 넘치도록 수고하는 것이다

진정한 섬김은 넘치도록 과도하게 수고하는 것이다. 리브가는 잠시 멈추어 물을 한 그릇 주고, 성급히 자신의 하던 일을 하지 않았다. 아브라함의 늙은 종이 물을 마시는 동안 더 섬길 일이 없는지 살폈다. 리브가는 낙타 열 마리를 위해서도 기꺼이 물을 주었다.

우물은 깊었고, 깊은 곳에서 물을 길어 올리는 일은 여성에게 그리 쉽지 않았다. 당시 목이 마른 낙타는 한 마리 당 보통 7리터, 많게는 10리터 이상의 물을 마셨다고 한다. 리브가는 낙타 열 마리를 위해서 엄청난 양의 물을 깊은 우물에서 퍼올리는 수고를 했다. 땀 흘리는 수고가 없이는 섬길 수 없다. 요청하는 것만 딱 해 준다면 그것은 마지못해 하는 수고일 것이다. 넘치도록 수고하며, 상대방에게 필요한 것을 볼 수 있다면, 우리는 최고의 섬김을 할 수 있게 되는 것이다. 섬길 때에 충분한 수고로 섬기는 훈련을 하라.

인생을 바꾸는 섬김

모든 섬김에는 수고와 희생이 따르는 법이다. 내 것을 움켜쥐고는 나눌 수 없다. 낮아지지 않고는 섬길 수가 없다. 리브가에게서 볼 수 있듯이 섬김은 인격적 존중과 높임을 동반해야 한다. 섬김은 자기의 일을 멈출 줄 아는 희생이 필요하다. 섬김은 넘치도록 수고하는 땀을 필요로 한다. 나만 생각하며 살아가는 이 시대에 섬김을 훈련한다는 것은 쉬운 일이 아니다. 리브가를 늘 머리에 떠올리며 섬김을 연습하면, 후에는 섬김의 사람이 되어 있을 것이다.

남을 때 나누고 한가할 때 섬긴다는 생각을 버리고 리브가처럼 섬기면, 우리의 인생도 놀랍게 바뀐다. 예수님께서는 십자가를 바라보며 섬기고 희생하는 자를 찾으시고, 그를 통해서 놀라운 하나님의 일을 이루어가시기 때문이다.

교회는 섬김의 공동체이다. 교회가 섬기는 곳이 되려면, 교회 안에는 섬기는 종이 많이 있어야 한다. 우리는 섬기고 싶지만 시간이 없다는 말을 많이 한다. 이 말은 즉 "누가 섬기고 싶지 않겠어요? 그러나 남이나 섬기고 있을 만큼 한가하지 않답니다"라는 말이다. 섬김을 위하여 자신의 스케줄을 내어 놓을 수 있어야 한다. 과감한 희생이 필요하다. 자기의 일을 멈출 수 있는 결단이 필요하다. 막상 자기의 일을 멈추고 섬기면, 자기의 일도 섬김의 일도 다 이루어지게 된다. 다른 사람이 찬양으로 위로 받게 하기 위해서, 다른 사람이 좀 더 좋은 환경에서 예배드리고 양육 받게 하기 위해서, 힘들고 지친 영혼을 위로하기 위해서, 경제적으로 어려운 사람들을 돕기 위해서 우리는 넘치도록 수고해야 한다. 섬기려면 자신을 내어 놓아야 한다.

섬기기 위해서는 섬기려는 마음이 가장 중요하다는 것을 기억해야 한다. 섬기기 위해서 전문적인 지식과 큰 재정이 필요한 경우도 있지만, 아무 지식과 재정이 필요하지 않은 경우도 많이 있다. 섬기려는 마음과 자신의 일을 중단할 수 있는 용기만 있다면 누구나 놀라운 섬김의 주인공이 될 수 있다.

얼마 전에 지하철을 탄 적이 있다. 명품으로 치장을 한 두 여성이 나란히 자리에 앉아 있었다. 공교롭게도 두 여성의 가방은 루이뷔똥, 얼굴에는 짙은 화장, 한 여성은 쌍커플 수술도 한 것 같았다. 속눈썹도 화려하게 치장해 족히 1센티는 넘어 보였다. 그 여성들은 명품 인생을 소망하는 사람처럼 보였다. 자기 개발을 위해 노력하는 사람처럼 보였다. 한 여성은 책을 열심히 보고 있었다.

잠시 후 족히 80세는 넘어 보이는 할아버지가 불편한 몸으로 지하철을 타서서 공교롭게도 그 여성들 앞에 서셨다. 그

할아버지는 감기가 걸리셨는지 마스크까지 하고 계셨다. 한눈에 봐도 몸이 불편해 보이시는 것이 분명했다. 두 여성 모두 할아버지를 외면하느라 애를 쓰고 있었다. 그 여성들이 자신들의 소망대로 '명품 인생'이 될 수 있을까 생각해 보았다.

리브가의 앞에서 물을 구하고 있던 아브라함의 늙은 종이 여성들 앞에 서 있던 할아버지의 모습과 비슷했을 것이다. 리브가와 지하철의 여성들. 그들의 반응은 너무나 달랐다. 리브가는 수없이 우물을 들락날락하는 수고를 마다하지 않았지만, 여성들은 잠시 서서 가는 수고도 하지 않으려 했다. 하나님께서 살아계신다면 누구의 인생을 축복하시겠는가? 누구의 인생을 통해 하나님의 놀라운 일을 이루시겠는가?

진정으로 섬기는 성도가 되자. 상대방을 존중하고, 상대방을 위해 자신의 하던 일을 잠시 멈추자. 상대방의 필요를 더 깊이 들여다보고 넘치도록 수고하자. 우리는 다른 사람들을 감동시킬 수 있을 것이며, 하나님의 마음을 움직일 수 있을 것이다. 하나님께서는 섬기는 모습으로 살아가는 리브가를 귀한 일에 쓰셨다. 그녀는 믿음의 계보를 잇고, 이스라엘 열 두 지파의 조상, 야곱의 어머니가 되었다. 지금도 누군가 열심히 기도해서 좋은 혼사를 이루려 한다면, 리브가처럼 섬김을 훈련하는 것이 더 성경적이지 않을까? 섬김은 인생을 바꾼다.

• 제11장

용서를 훈련하라

용서는 불편한 것?

용서라는 말은 우리를 불편하게 만드는 말이다. 우리는 용서라는 말을 들었을 때, 자신이 받은 용서를 생각하지 않는다. 만약 우리가 받은 용서를 기억한다면, 우리는 용서라는 말 속에서 평안과 행복을 느낄 것이다. 하지만 보통 우리들은 용서라는 말을 듣자마자 자신이 용서할 수 없는 사람을 떠올린다. 그래서 불편해진다. 그리고 원수까지도 용서하고 사랑하라는 말씀을 기억하며 더욱 불편해진다.

예수님께서는 용서에 대해 매우 많이 말씀하셨다. 심지어는 기도의 모범을 보여주신 주기도문에서도 용서에 관한 내용을 가르쳐주셨다. 주기도문에서 우리가 죄를 용서해 달라고 할 때, 먼저 우리에게 죄 지은 사람을 용서할 것을 조건으로 하고 있다. '우리가 우리에게 죄 지은 자를 사하여 준 것 같이 우리 죄를 사하여 주옵시고(마태복음 6:12).' 용서가 얼마나 중요한 것인지를 말씀하고 있는 것이다.

〈밀양〉이라는 영화는 용서할 수 없는 극적인 상황을 연출하여 우리에게 용서에 대해 생각해 보게 한다. 영화 속의 여주인공은 남편을 잃고 극도의 절망에 빠진다. 게다가 그녀의 아이마저 어떤 남자에게 납치되고 살해된다. 그녀는 절망 중에 하나님께 나아가게 된다. 그녀는 말씀을 배우면서 자신의 아이를 죽인 살인자를 용서하려는 마음을 품게 된다. 하지만 교도소에서 그 살인자를 만났을 때 이미 예수를 믿고 '하나님이 자신을 용서하셨다'는 말을 하자, 용서하려는 마음을 잃어버리고 하나님을 원망하며 고뇌에 빠지게 된다. 이 영화를 보고 여주인공의 마음을 공감하지 못하는 사람은 아무도 없을 것이다. 우리는 이보다도 훨씬 작은 일도 용서하기 힘든 나약한 존재라는 것을 잘 알기 때문이다. 그렇다. 우리는 용서하기에 너무나 나약하다.

하지만 이 영화에서 하나님의 용서를 체험한 살인자는 감옥에서 평안을 누리고, 용서하지 못한 여주인공은 비극적이고 절망적인 삶을 이어 간다. 용서하지 못하는 것은 결국 상대방이 아니라 자기 자신에게 너무나 무거운 형벌이 된다는 것을 보여준다. 사실 이 영화에서 부각되는 것은 용서하지 못하는 자의 고뇌이다. 누구나 이 여주인공이 용서하지 못한 것에 대해 당연하다고 생각할 것이다. 살인자를 용서하지 못하는 것은 예수님의 말씀을 어기는 것이라고 말한다면 너무 억지스럽다고 느껴지는 것이 당연하다. 하지만 사실 이 영화는 용서하는 것 밖에 답이 없음을 보여주고 있다. 그것을 감독이 의도했는지는 알 수 없지만 말이다.

용서 받은 사람들

기독교는 사랑으로 용서받은 자들의 모임이다. 교회에 와서 앉아 있는 모든 사람들은 자신이 십자가를 통해 죄를 용서받았다는 사실을 알고 있는 사람들이다. 용서는 사랑과 더불어 기독교의 가장 기본적인 덕목이다. 기독교 신앙은 하나님께서 우리의 죄를 용서하셨다는 확신에서 시작하기 때문이다. 우리는 얼마나 많은 용서를 받은 것인가? 성경은 우리 죄의 크기를 도저히 스스로는 갚을 수 없는 것이라고 가르친다. 그 증거는 우리의 죄를 위해 예수께서 죽으셔야만 했다는 사실에 나타나 있다. 우리의 죄는 예수님의 죽음과 같은 무게를 지니고 있는 것이다. 우리의 죄가 용서받기 위해 예수께서 고통만 당하시는 것으로는 부족했다. 수고만 하시는 것으로는 양이 차지 않았다. 예수께서는 엄청난 고통을 당하시며 죽으셔야만 했던 것이다. 우리가 인식하든 못하든 우리가 지은 죄는 예수님의 죽음을 요청했을 만큼 엄청난 것이었다. 세상의 어떤 것으로도 갚을 수 없는 것이었다. 우리는 용서 받은 사람들이다.

이 세상의 어느 누가 우리에게 아무리 큰 죄를 저지른다 하더라도 그것은 우리가 하나님께 지은 죄에 비하면 훨씬 작다. 이것이 실감나기까지는 많은 시간이 필요할 것이다. 하지만 이것은 사실이다. 우리는 자신이 하나님께 지은 죄를 잘 알지 못한다. 반면 남들이 우리에게 한 작은 잘못들에 대해서는 너무나 잘 느낀다. 우리는 우리가 엄청나게 큰 용서함을 받았다는 사실을 기억해야 한다. 이것을 믿는 것이 용서를 훈련하여 행복하게 살아갈 수 있는 출발점이다.

용서받은 자의 용서

용서란 쉬운 일이 아니다. 누군가를 용서하는 일은 대단한 일로 여겨진다. 하지만 우리가 누군가를 용서한다는 것은 엄청난 자비를 베푸는 것이 아니다. 성경은 어느 곳에서도 용서를 대단한 일로 가르치고 있지 않다. 오히려 용서하지 않는 것을 하나님께 대한 엄청난 배은망덕으로 여긴다. 하나님께서는 모든 것을 용서하셨는데, 우리는 아무 것도 용서하려 하지 않는 것은 엄청난 배은망덕이다.

마태복음에는 용서할 줄 모르는 종에 대한 비유가 나온다. 어떤 임금이 자신에게 일만 달란트 빚진 자를 탕감해 주었다. 일만 달란트란 어떤 수를 쓰더라도 갚을 수 없는 액수였다. 그렇게 일만 달란트를 탕감 받은 사람이 자신에게 일백 데나리온 빚진 동료를 만났다. 일백 데나리온은 시간을 주면 충분히 갚을 수 있는 적은 액수였다. 하지만 그는 빚을 갚지 않는 자신의 동료를 옥에 가두어 버렸다. 후에 이 사실을 알게 된 임금은 일만 달란트 빚진 자를 옥에 가두고 모든 빚을 갚도록 했다. 그러면서 다음과 같은 말씀을 덧붙인다. '너희가 각각 마음으로부터 형제를 용서하지 아니하면 나의 하늘 아버지께서도 너희에게 이와 같이 하시리라(마태복음 18:35).'

우리가 용서하려면 먼저 무엇을 용서받았는가를 생각해야 한다. 거기에서 출발해야 한다. 내가 도저히 갚을 수 없는 것을 빚진 자였다는 사실을 잊지 말아야 한다. 나는 아무 잘못이 없다는 전제에서 출발하면 용서는 불가능하다. 내가 도저히 용서받을 수 없었던 하나님에 대한 반역과 죄악들을 생각한다면 용서는 쉽게 시작될 수 있다. 내가 용서받았던 것을 생각하면 다른 사람들의 실수와 잘못들은 매우 사소한 것이 된다. 심지어 너무나 큰 잘못이라 할지라도 용서할 수 있는 가능성이 생기게 되는 것이다.

우리는 용서받은 자로서 용서하는 것이다. 100억의 빚을 면제받은 사람이 만원 받을 것을 탕감해 주었다고 대단한 일인가? 오히려 만원을 악착같이 받으려 하는 것이 웃긴 일이다. 예수님은 여러 차례에 걸쳐 우리에게 용서를 강조하셨다. 예수님께서는 우리가 남을 용서하면 하나님도 우리를 용서하신다고 말씀하셨다. 그만큼 우리에게 용서는 필수적이고 의무적이라는 것을 말하는 것이다. '너희가 사람의 잘못을 용서하면 너희 하늘 아버지께서도 너희 잘못을 용서하시려니와 너희가 사람의 잘못을 용서하지 아니하면 너희 아버지께서도 너희 잘못을 용서하지 아니하시리라(마태복음 6:14).' 우리는 우리가 하는 대로 받는다. 비판하면 비판을 받고, 정죄하면 정죄를 받고, 용서하면 용서를 받는다. '비판하지 말라 그리하면 너희가 비판을 받지 않을 것이요 정죄하지 말라 그리하면 너희가 정죄를 받지 않을 것이요 용서하라 그리하면 너희가 용서를 받을 것이요(누가복음 6:37).'

용서의 범위

우리는 보통 많이 참고 용서했다고 생각한다. 더 이상은 용서할 수 없다고 말한다. 베드로는 용서를 강조하는 예수님에게 어느 정도까지 용서해야 하는가 물었다. '그 때에 베드로가 나아와 이르되 주여 형제가 내게 죄를 범하면 몇 번이나 용서하여 주리이까 일곱 번까지 하오리이까(마태복음 18:21).' 예수님께서는 일곱 번을 일흔 번까지라도 하라고 하셨는데, 이는 용서의 범위에 한계가 없다는 것을 말씀하신 것이다. '예수께서 이르시되 네게 이르노니 일곱 번뿐 아니라 일곱 번을 일흔 번까지라도 할지니라(마태복음 18:22).'

우리는 우리 자신의 기준으로 용서의 범위를 생각한다. 하지만 모든 기준은 예수님께로부터 나와야 한다. 용서도 마찬가지다. 용서는 예수님께서 우리에게 하신 것이 기준이 되어야 한다. '누가 누구에게 불만이 있거든 서로 용납하여 피차 용서하되 주께서 너희를 용서하신 것 같이 너희도 그리하고(골로새서 3:13).' 우리가 스스로의 기준으로 판단하면 자신의 강력한 이기심이 모든 관계를 망쳐버리고, 어떤 용서도 불가능하게 만든다. 우리는 종종 스스로 합리적이고 옳은 결정을 내릴 능력이 있다고 착각한다. 하지만 사실 우리 모두는 치명적인 자기중심성에서 쉽게 벗어날 수 없다. 주님이 기준이 되어 하나님의 말씀에 비추어 용서의 범위를 정할 때, 우리는 어떤 것도 용서할 수 있는 영성을 소유할 수 있게 된다.

용서의 유익

우리는 대부분 용서가 대단한 자비를 베푸는 것이며, 때로는 불공평한 것이라고 생각한다. 용서하는 사람은 큰 손해를 보는 것이라고 생각한다. 처벌을 하거나 복수하지 않고 용서해 주는 것은 정의를 깨트리는 일이라고 생각하기도 한다. 잘못을 저지른 사람은 그 대가를 치르는 것이 공정한 것이며 유익한 것이라고 생각하는 것이다.

하지만 용서는 우리 자신에게 꼭 필요한 유익한 영혼의 치료제이다. 크든 작든 우리는 서로에게 이미 많은 잘못을 하고 있으며, 잘못할 수밖에 없는 본질적 성향을 가지고 있음을 인정하지 않을 수 없다. 다른 사람들의 용서가 없으면 우리 영혼은 황폐해진다. 나아가 우리 모두는 하나님께 용서를 받지 않으면 영원한 생명을 얻을 수 없는 존재이다. 사실 용서는 우리에게 잘못했던 많은 사람들에게 먼저 필요했던 것이 아니라, 하나님과 이웃에게 늘 죄를 저질렀던 우리 자신에게 먼저 필요했던 것이다.

우리가 지금 존재할 수 있는 것은 사실 용서 때문이다. 우리는 이미 하나님께 도저히 받을 수 없는 용서를 받았고, 어린 시절부터 부모님에게 많은 용서를 받았고, 지금도 주변의 많은 사람들에게 용서를 받고 있다. 사실 용서가 없었으면 우리는 지금 존재할 수 없는 것이다. 우리가 꼭 기억해야 할 것은 우리를 용서하기 위해 예수님이 죽으셨고, 우리의 부모님을 비롯하여 많은 주위 사람들이 우리에게 대해 용서를 실행했다는 사실이다. 용서는 우리의 영혼을 이미 치료했다. 또한 우리가 다른 사람을 용서할 때, 우리는 우리의 영혼과 다른 사람들의 영혼을 치료하는 것이다.

그러므로 성경은 우리가 당연히 서로를 용서해야 한다고 가르치는 것이다. 이것은 필수적이며 당연한 것이다. 게다가 용서는 우리에게 엄청난 유익을 준다. 용서의 유익을 논하려면 용서하지 못하는 사람이 당하는 고통에 대해 생각해 보아야 한다. 모두가 용서할 수 없는 일을 당한 경험이 있을 것이다. 분노로 온 몸이 떨렸던 기억이 있을 것이다. 우리가 계속해서 용서하지 못한다면, 그러한 고통스러운 기억이 절대 우리를 떠나지 않는다. 영원히. 시간과 함께 고통이 약화될 수는 있지만 지워지지는 않는다. 언젠가 그 고통스러운 기억은 다시 수면 위로 올라오게 될 것이다. 우리에게 그러한 기억을 주었던 사람은 어떨까? 사실 대부분의 경우에 가해자는 자신이 그렇게 큰 잘못을 한 것이지 인식하지 못하며 쉽게 잊어버린다. 불공평한 생각이 들 것이다. 역시 당한 대로 돌려주어야 속이 후련하다고 생각할지도 모른다. 하지만 우리가 당한 대로 돌려주는 순간 우리는 또 다시 공포에 직면하게 되고 불안에 빠지게 된다. 꼭 기억하라. 우리도 남들에게 용서받아야만 할 일들을 계속 해 왔다. 우리도 잘 모르는 사이에 남들에게 손해를 입혔고, 의도적으로 상처를 입히기도 했다.

모든 문제가 해결되고 평안이 찾아오는 것은 원수를 갚아서가 아니다. 그대로 되돌려 주어서도 아니다. 우리에게 평안이 찾아올 때는 하나님께서 우리를 용서하셨듯이 다른 사람을 용서할 때이다. 성경에는 씻을 수 없는 상처를 받았던 사람이 많이 나온다. 그 중 한 사람이 바로 요셉이다. 가족에게 배신당한 상처는 일평생 지워지지 않는 경우가 많다. 인격의 형성에도 지대한 영향을 미치며, 상처를 입힌 사람과 오랫동안 함께 살았기 때문에 지워지지 않는다. 요셉은 바로 그러한 상처를 받았다. 자신의 형들이 자신을 붙잡아서 미디안 상인에게 팔아 알지 못하는 땅에 버려졌던 것을 용서할 수 있을까? 자기와 한 가족처럼 지내던 주인 마님이 자신을 성적으로 유혹하다 실패하자 자신을 성범죄자로 몰아붙여 감옥에 갇히게 한 것을 용서할 수 있을까? 함께 감옥에서 동고동락하다가 출옥한 이후에는 자신의 도움을 까맣게 잊어버린 것을 용서할 수 있을까? 요셉이 만약 용서하지 못하고 이러한 일들에 분노하며 살았다면 미치광이나 성격파탄자가 되었을 것이다.

하지만 요셉은 이 모든 일들을 용서했다. 요셉의 형들은 자신들이 절대로 용서받을 수 없을 것이라 생각했지만 요셉은 그들을 용서했다. 요셉은 용서를 통해 새로운 삶의 희망을 유지할 수 있었다. 그는 보디발의 집에 팔려가서도 성실히 일하여 인정받는다. 그는 보디발의 아내 때문에 억울하게 감옥에 갔지만, 감옥에서도 모범적으로 생활한다. 억울하게 감옥에 간 사람이 추가 범죄를 저지르게 될 가능성이 많은데, 요셉에게는 예외였던 것이다. 요셉은 용서를 통해 마음의 평안을 얻었으며, 하나님을 바라보고 희망찬 인생을 계속 이어갈 수 있었던 것이다.

용서를 훈련하라

하나님께서는 이러한 용서의 유익을 잘 알고 계신다. 그리고 이러한 유익을 우리 모두가 누리기 원하신다. 그러므로 용서를 훈련하라. 물론 잘 되지 않을 것이다. 그러면 처음부터 다시 시작하라. 당신이 용서받았다는 사실을 묵상하라. 그리고 당신에게 평안을 주는 것은 용서밖에 없다는 것을 인정하라. 하나님께서 용서하라고 명하신 것은 우리를 억울하게 하려 하심이 아니다. 우리가 용서해야 할 대상들을 진정으로 이해하고, 평안과 소망을 갖게 하시려는 것이다. 용서해 보라. 오랫동안 자신을 억눌러왔던 무거운 짐이 벗어지게 될 것이다. 하나님께서 주시는 평안이 물밀듯 밀려올 것이다.

우리는 감정을 주체하지 못해서 불행에 빠지는 경우가 많다. '노하기를 더디 하는 것이 사람의 슬기요 허물을 용서하는 것이 자기의 영광이니라(잠언 19:11).' 용서는 억울한 것이 아니다. 용서는 영광스러운 일이며, 하나님의 축복이 우리에게 찾아드는 통로이다. 영화 〈밀양〉의 여주인공과 같이 용서할 수 없는 기억 때문에 고통당하는 사람이 있다면 용서를 통해 하늘의 평안을 맛보며 희망찬 삶을 살기 위해 오늘부터 용서를 연습해 보길 권한다.

• 제12장

담대함을 훈련하라

자신감이 사라진 세상

사람들은 누구나 자신 있고 당당하게 살고 싶어한다. 어떤 상황에도, 누구 앞에서도 주눅 들지 않는 삶을 소망한다. 하지만 그러한 소망은 성장하면서 큰 난관에 부딪힌다. 여러 가지 이유로 자신감과 당당함은 사라진다. 가정에서, 학교에서, 친구관계에서 직장 상사와의 관계에서 실패하고 무능력한 자신을 인식한다. 그러면서 자신 있고 당당한 태도는 점점 사라지고 만다.

자신감을 얻게 하기 위해 부모들은 어린 아이들을 웅변 학원에 보내기도 하고, 기가 죽는다고 오냐 오냐 하면서 키운다. 싸움을 잘 하도록 태권도 학원에 보내기도 한다. 키가 크고 덩치가 좋아야 한다고 열심히 먹인다. 돈 없으면 기죽는다고 용돈을 많이 주기도 한다. 다른 아이들에게 밀리면 안 된다는 생각에 무리를 해서라도 좋은 운동화나 좋은 옷을 입히기도 한다. 남들이 했다는 것은 다 해주려 한다. 빚을 내고 노래방 도우미를 해서라도 좋은 학군에서 최고의 교육을 시키고 싶어 한다.

그러나 아이들이 성인이 되어 세상에 나가면 자신감과 당당함이 상실된다. 실력이 부족하면 자신감이 떨어지니까 실력을 배양한다. 열심히 학원에도 다니고, 열심히 운동도 한다. 스피치와 화술을 훈련받는다. 미용과 성형을 통해 자신을 가꾼다. 조금은 효과가 있는 것 같다. 자신의 부족한 점을 채워가면서 콤플렉스를 극복하기도 한다.

하지만 아무리 생각해 봐도 우리는 소망하는 모든 것을 가질 수는 없다. 늘 자기자신에 대해, 자신의 환경에 대해 불만이 존재한다. 이러한 불만은 비교에서 나오는 것이기 때문에, 한 가지를 채웠다고 해서 해결되는 것이 아니다. 오히려 남들이 가졌다고 생각하는 것을 따라 가질수록 마음속에 더욱 열등감이 생긴다. 남들이 갖춘 것을 다 갖출 수도 없다. 남들이 갖춘 것을 막상 다 갖추어 봐도 그것이 우리의 마음을 진정으로 자신 있고 담대하게 만들어 주지 못한다는 것을 금방 알게 된다. 우리가 스스로 좋은 조건을 갖추고 나면, 더 좋은 조건을 갖춘 사람들이 존재한다는 것을 알게 된다.

이유가 무엇인가? 그것은 바로 마음속에 담대함이 없기 때문이다. 담대함은 우리의 영혼에서 나오는 것이다. 자신 있고 당당한 삶은 영혼의 샘에서 길러내는 담대함에서 온다. 담대함은 하나님의 자녀들만이 느낄 수 있는 안정감이다. 죽어도 살아도 우리를 가장 좋은 것으로 채우실 하나님을 믿는 신뢰에서 나오는 정서적 안정감만이 영혼의 담대함을 형성해 줄 수 있다. 사람들은 외형적인 것을 변화시켜서 영혼의 샘을 채우려 한다. 마치 물이 나오지도 않는 우물에 물을 붓고 그 물을 퍼내려 하는 꼴이다. 영혼 속에서 담대함이 나오지 않는데, 아무리 외형적인 것을 바꾼다 한들 담대함이 생기겠는가? 명품으로 자신을 치장해 보라. 최고의 학벌을 자랑해 보라. 세상적인 조건을 다 갖추어 보라. 당신은 내면으로부터 진정 당당해지는가? 그것은 현대 문화의 유혹이며, 소비를 강조하는 자본주의의 시험일뿐이다. 우물은 샘에서 흘러나오는 물이 있어야 흘러 넘친다. 자신 있고 당당하게 살아가려면 우리의 영혼에 하나님께서 주시는 담대함이 흘러 넘쳐야 한다.

담대함은 명령이자 특권

하나님께서는 하나님의 백성들에게 담대할 것을 명령하셨다. 담대함은 우리의 특권이기도 하고, 우리의 의무이기도 하다. 하나님께서는 이 험한 세상에서 우리가 담대하게 살 수 없음을 잘 알고 계신다. 하나님께서는 우리가 늘 한계 속에 살아갈 수밖에 없다는 것을 잘 알고 계신다. 늘 주저하고 절망하고 소심해질 수밖에 없음을 잘 알고 계신다. 이 세상 권세를 잡고 우리를 위협하는 사단의 위력 앞에 늘 쓰러질 수밖에 없음을 잘 알고 계신다. 때로는 무기력하게 쓰러질 수밖에 없는 우리의 상태를 하나님께서는 너무나 잘 알고 계신다. 갈멜산에서 450인의 바알 선지자를 무찔렀던 엘리야도 좌절하여 쓰러질 수밖에 없는 연약함을 가지고 있지 않았는가? 하나님께서는 우리를 너무나 잘 알고 계신다. 현대 사회를 살아가면서 진학과 취업의 문턱 앞에서, 세상의 불의와 쾌락의 유혹 앞에서 당당할 수 없는 우리 자신의 무력함을 너무나 잘 알고 계신다. 따라서 담대하라는 명령을 받아 담대함을 훈련해야 한다.

하나님께서는 성경의 많은 인물들에게 담대하라고 명령하셨다. 하나님께서는 여호수아에게도 담대함을 명령하셨다. '강하고 담대하라 너는 내가 그들의 조상에게 맹세하여 그들에게 주리라 한 땅을 이 백성에게 차지하게 하리라(여호수아 1:6).' 바울은 다음과 같이 증언한다. '그 날 밤에 주께서 바울 곁에 서서 이르시되 담대하라 네가 예루살렘에서 나의 일을 증언한 것 같이 로마에서도 증언하여야 하리라 하시니라(사도행전 23:11).' 다윗은 자신의 시편에서 모든 성도들에게 '여호와를 바라는 너희들아 강하고 담대하라(시편 31:24)'고 명령한다. 하나님께서는 모두에게 어떤 일을 하기 전에 먼저 담대하라고 하셨다. 담대한 마음을 가지고 있으면 안 될 일도 된다. 하지만 이미 패배자의 마음으로 주저하면 될 일도 안 된다. 하나님께서는 어떤 특별한 조건을 가진 사람들만이 아니라, 모든 하나님의 자녀들이 담대하게 살아갈 수 있음을 '담대하라'는 명령 속에 담고 계신다. 당신이 하나님의 자녀라면 당신의 인간적인 조건에 상관없이 담대함은 당신의 특권이다. 스스로 자신감이 없고, 늘 소극적이라면 담대함을 특별히 훈련해야 할 것이다.

담대함을 깨트리는 요소들

사실 이 세상에서 모든 필요한 조건을 가지고 사는 사람은 없다. 모든 것을 갖추어서 당당하고 자신 있게 살 수 있는 사람은 없다는 것이다. 너무나 아름다워서 당당하게 살아갈 수 있는 사람은 없다. 너무나 똑똑해서 당당하게 살아갈 수 있는 사람은 없다. 사실 아무리 좋은 조건들을 가지고 있는 사람이라 할지라도 결국 담대하게 살아갈 수 없는 공통적인 요소들이 있다. 하나님은 타락한 세상에 사는 우리가 하나님 없이는 부족하고 절망적인 삶을 살아가도록 하셨다. 여기에서 벗어날 수 있는 사람은 없다.

우리는 하나님 없이는 담대할 수 없다. 그 이유는 먼저, 우리는 모두 죽음을 향해 달려가고 있기 때문이다. 성장기를 넘어선 모든 성인은 사실 노쇠하여 죽을 시간을 향해 달려가고 있는 것이다. 그 과정도 매우 힘든 일의 연속이다. '우리의 연수가 칠십이요 강건하면 팔십이라도 그 연수의 자랑은 수고와 슬픔뿐이요 신속히 가니 우리가 날아가나이다(시편 90:10).' 계속 늙고 쇠약해져 가는데 누가 자신 있고 당당하게 살 수 있는가?

게다가 우리의 인생은 미래를 예측할 수 없는 암흑의 상태이다. 미래에 일어날 일을 전혀 예측하지 못하는 우리는 늘 불안과 두려움을 가지고 있다. '내일 일을 너희가 알지 못하는도다 너희 생명이 무엇이냐 너희는 잠깐 보이다가 없어지는 안개니라(야고보서 4:14).' 하루 앞도 내다보지 못하는 인생이 늘 자신 있고 당당할 수 있겠는가? 내일 무슨 일을 당할지

모르는데, 당당하게 산다는 것은 거의 미친 사람에게나 가능한 일이다.

마지막으로 우리는 미래를 예측하지도 못하지만, 예측해도 대책이 없다. 우리에게는 충분한 능력이 없는 것이다. 키가 작아서 고민인 사람들이 많다. 키가 작다 하더라도 아무것도 할 수 없지 않은가? '너희 중에 누가 염려함으로 그 키를 한 자라도 더할 수 있겠느냐(마태복음 6:27).' 우리는 사실 늘 능력의 한계에 부딪힌다. 어떻게 당당하게 살 수 있는가?

사실 우리는 항상 근심하며 염려하며 두려움 속에서 살 수밖에 없는 존재들이다. 하나님이 없이도 당당하게 사는 사람들은 사실 담대한 것이 아니다. 그것은 만용이다. '악한 일에 관한 징벌이 속히 실행되지 아니하므로 인생들이 악을 행하는 데에 마음이 담대하도다(전도서 8:11).' 하나님을 떠난 모든 인간들은 늘 죄악 가운데 살아가며 형벌을 두려워한다. 허무한 죽음으로 인생이 끝날 것을 생각하며 피할 길을 찾는다. 그들은 쾌락을 즐긴다. 두려움과 좌절감을 이기기 위해 세상의 악을 도모한다. 담대히 죄를 짓고 산다. 이것은 하나님의 징벌이 즉시 오지 않기 때문에 택한 어리석은 담대함이다.

담대함의 근원은 하나님

지금까지 살펴보았듯이 스스로 담대함을 가지고 살아갈 수 있는 사람은 없다. 그러면 진정한 담대함은 어디서 오는가? 하나님과의 교제에서 온다. 인간이 담대함을 잃어버린 것은 타락하여 하나님과의 관계가 깨졌기 때문이다. 모든 두려움과 근심이 타락 이후에 우리에게 찾아왔다. 하나님 없이 스스로가 삶의 주인이 되어 살아가기 시작하면서부터 모든 것이 두려워졌다. 스스로 모든 것을 해결하려 애썼지만, 삶은 더욱 엉망이 되어 갔다. 역사가 이를 명백히 보여주며, 또한 하나님 없이 살았던 우리의 과거가 이를 증명한다. 하나님이 없이 우리 마음대로 살면 당당할 수 있을 것이라고 생각하지만 전혀 그렇지 않다. 우리는 스스로 당당하게 살 수 있는 아무런 능력과 조건이 없다. 따라서 우리가 담대하게 살아가기 위해서는 하나님과 교제를 회복해야 한다.

예수께서는 십자가에서 죽으심으로 우리가 하나님께 나아갈 수 있는 길을 열어 주셨다. 그 결과 우리는 언제 어디서든 하나님과 영으로 교제할 수 있다. '그러므로 형제들아 우리가 예수의 피를 힘입어 성소에 들어갈 담력을 얻었나니(히브리서 10:19).' 우리는 언제든지 하나님께 나아가서 은혜를 구하고 담대함을 회복할 수 있는 특권을 누리게 된 것이다. 십자가의 은혜를 묵상하며 하나님께 나아가면 하나님께서 주시는 무한한 담대함이 생겨난다. 따라서 담대함을 소망한다면 하나님과의 교제를 회복해야 한다. 이것이 예수 그리스도를 구주로 믿는 자에게 생긴 영적 특권이다. '그러므로 우리는 긍휼하심을 받고 때를 따라 돕는 은혜를 얻기 위하여 은혜의 보좌 앞에 담대히 나아갈 것이니라(히브리서 4:16).' 우리는 예수 그리스도를 통해 언제든지 하나님과 교제하며, 세상을 이길 담대함을 소유할 수 있게 된 것이다.

다윗은 하나님과의 교제를 통해 언제나 담대하게 살 수 있었다. '백성들이 자녀들 때문에 마음이 슬퍼서 다윗을 돌로 치자 하니 다윗이 크게 다급하였으나 그의 하나님 여호와를 힘입고 용기를 얻었더라(사무엘상 30:6).' 다윗은 자신과 함께 하던 자들이 모두 전쟁에 나간 사이에, 남아 있던 아내들과 자녀들을 잃었다. 자신을 따르던 자들이 어느새 다윗에게 분노를 표출하며 죽일 듯이 달려들었다. 다윗은 마음은 무너져 내렸다. 하지만 다윗은 하나님께 나아갔다. 그의 마음에는 상황과 아무 상관없는 담대함이 흘러 넘쳤다. 우리는 늘 세상에서 환난을 겪지만, 하나님께서 주시는 담대함이 있으면 어떤 상황도 이겨낼 수 있다. '우리가 사방으로 우겨쌈을 당하여도 싸이지 아니하며 답답한 일을 당하여도 낙심하지 아

니하며(고린도후서 4:8).'

하나님과의 교제는 담대함을 허락한다. 하나님께서는 우리가 우리의 한계를 뛰어넘게 하시는 분이다. 하나님께서는 우리가 죽음을 뛰어넘어 영원한 생명을 얻게 하셨다. 하나님께서는 하루 앞도 내다보지 못하는 우리의 인생길을 가장 아름답게 인도하시기로 약속하셨다. 하나님께서는 놀라운 능력으로 우리의 무능력을 채우시고 불가능한 일을 가능하게 하시는 분이시다. 하나님과 교제하면 영혼에 담대함이 흘러넘치지 않겠는가?

히스기야 왕은 자신의 재임 시에 계속해서 강대국 앗수르의 위협을 받았다. 하지만 그는 이사야 선지자와 말씀을 나누면서 하나님과 교제했다. 그는 늘 기도하며 하나님을 소망했다. 그리고 백성들에게 용기를 북돋아 주었다. '너희는 마음을 강하게 하며 담대히 하고 앗수르 왕과 그를 따르는 온 무리로 말미암아 두려워하지 말며 놀라지 말라 우리와 함께 하시는 이가 그와 함께 하는 자보다 크니 그와 함께 하는 자는 육신의 팔이요 우리와 함께 하시는 이는 우리의 하나님 여호와시라 반드시 우리를 도우시고 우리를 대신하여 싸우시리라(역대하 32:7-8).' 히스기야 왕의 말씀을 들은 백성들은 영혼에 담대함이 흘렀고, 하나님을 의지하여 전쟁에 나아갔을 때 승리를 얻었다.

그러면 구체적으로 어떻게 담대함을 훈련할 수 있는지 성경 속에서 답을 찾아보자.

의로운 삶은 담대함을 준다

하나님께서는 우리의 마음에 양심을 주셨다. 양심의 기능은 악을 깨닫게 되는 것이다. 물론 양심이 악하게 물든 자도 성경 말씀을 통해 악을 깨달을 수 있다. 따라서 교회를 다닌다 하더라도 마음에 죄악을 품은 자는 담대할 수 없다. 그 양심이 떨리기 때문이다. 담대함은 의로운 삶을 살아갈 때 주어진다. 세상에서 범죄를 저지르고도 담대할 수 있는 것은 사이코패스와 같이 정신이상이 있는 사람들에게나 가능하다. 하나님 보시기에 의롭고 정직한 삶이 담대함을 주게 된다. '악인은 쫓아오는 자가 없어도 도망하나 의인은 사자 같이 담대하니라(잠언 28:1).' 자신의 유익을 위해 악한 일을 하려는 사람은 늘 불안하고 두렵다. 다른 사람의 눈치를 보게 된다. 하나님 보시기에 의로운 삶을 살아가는 사람은 누가 와도 두렵지 않은 것이다.

요한일서에는 양심의 중요성을 강조하는 말씀이 있다. '사랑하는 자들아 만일 우리 마음이 우리를 책망할 것이 없으면 하나님 앞에서 담대함을 얻고(요한일서 3:21).' 담대하게 살려면, 죄를 멀리하라. 당당히 죄를 짓는 것은 결코 담대함이 아니다. 그것은 하나님을 두려워하지 않는 완악함이다.

하나님께서 도우실 것을 확신하라

성도의 담대함은 자신에게서 오는 것이 아니다. 그것은 바로 하나님께로부터 오는 것이다. 성도가 자신이 감당할 수 없는 시험도 두려워하지 않는 이유는 스스로 이길 수 있기 때문이 아니라, 하나님께서 이길 힘을 주실 것이라는 믿음이 있기 때문이다. 우리가 감당할 수 없는 큰 사역을 앞에 놓고도 당당한 것은, 그 사역을 주님이 이루어 주실 것을 확신하기 때문이다. '그를 향하여 우리가 가진 바 담대함이 이것이니 그의 뜻대로 무엇을 구하면 들으심이라(요한일서 5:14).'

다윗은 자기 아들 솔로몬에게 다음과 같이 권면한다. '또 그의 아들 솔로몬에게 이르되 너는 강하고 담대하게 이 일을 행하라 두려워하지 말며 놀라지 말라 네가 여호와의 성전 공사의 모든 일을 마치기까지 여호와 하나님 나의 하나님이 너와 함께 계시사 네게서 떠나지 아니하시고 너를 버리지 아니하시리라(역대상 28:20).' 성전을 세우는 엄청난 사역은 솔로몬이 시작하지만, 하나님께서 이루실 것이다. 다윗은 이러한 기도의 응답을 받았기 때문에 담대할 수 있었고, 아들 솔로몬에게도 담대하라고 격려할 수 있었던 것이다. 이것이 담대함의 비밀이다. 성도가 하나님의 뜻을 수행할 때, 하나님께서 기도를 들으시고 채우실 것이다.

하나님께서 동행하심을 믿으라

하나님께서 입버릇처럼 하시는 말씀이 있다. 그것은 성도와 함께 하시겠다는 말씀이다. 이 세상 어디에나 존재하시는 하나님을 믿는가? 그렇다면 하나님께서 언제나 당신과 동행하며, 죽는 순간까지도 당신과 함께 하심을 믿으라. 그것이 담대함을 허락할 것이다. '내가 네게 명령한 것이 아니냐 강하고 담대하라 두려워하지 말며 놀라지 말라 네가 어디로 가든지 네 하나님 여호와가 너와 함께 하느니라 하시니라(여호수아 1:9).' 하나님께서 여호수아에게 하신 약속은 간단하다. '새로운 땅을 향해 나가라. 내가 너와 함께 할 것이다.' 이 정도면 충분하다. 다른 어떤 약속도 필요 없다. 아버지가 함께 가신다면 모든 것이 해결되지 않겠는가?

힘든 여행길을 떠나야 하는 자녀에게는 많은 것이 필요하다. 여행에 필요한 장비도 있어야 하고, 필요한 재정도 있어야 하고, 위험에서 지켜줄 동행도 필요하다. 아버지가 함께 간다면, 이 모든 것이 필요 없다. 나의 딸은 가끔 이렇게 물어본다. "아빠도 같이 가?" 그거면 다 된다. 아빠가 모든 필요한 것을 준비하고 위험에서 보호한다. 하나님이 동행하심을 믿으면 힘겨운 인생길을 담대하게 떠날 수 있을 것이다.

주님의 일을 위해 담대하라

우리는 성도다. 우리는 세상 사람들처럼 악한 일에 담대해서는 안 된다. 우리는 주님의 일을 위하여 담대해야 한다. 바울은 복음을 전하는 일에 담대하게 해 달라고 기도했다. '또 나를 위하여 구할 것은 내게 말씀을 주사 나로 입을 열어 복음의 비밀을 담대히 알리게 하옵소서 할 것이니(에베소서 6:19).' 주님의 일을 위하여 담대할 때, 놀라운 역사들이 일어나게 되는 것이다.

담대함은 주님의 역사를 부른다. 핍박에도 담대히 복음을 전했던 베드로는 삼천 명, 오천 명이 회개하는 역사를 이룰 수 있었다. 바울은 온 세계에 복음의 씨앗을 뿌리게 되었다. 하나님께서는 주님을 일을 향하여 담대히 나아가는 자에게 기적을 보이신다. '두 사도가 오래 있어 주를 힘입어 담대히 말하니 주께서 그들의 손으로 표적과 기사를 행하게 하여 주사 자기 은혜의 말씀을 증언하시니(사도행전 14:3).'

담대히 주님을 일을 시작한 사람들에게는 놀라운 열매들이 맺혔다. 그렇게 담대하게 주님을 위해 살았던 사람들을 통해, 많은 다른 사람들도 담대함을 얻게 되었다. 당신이 하나님을 위해 담대히 살아갈 때, 당신의 삶을 보고 다른 사람들도 담대함을 얻게 될 것이다.

• 제13장
고백을 훈련하라

고백의 기적

성 어거스틴은 '최선의 지식은 우리가 죄인이라는 것을 아는 것이다'라고 말했다. 다윗은 자신의 죄악을 고백하는 시를 많이 썼다. 우리가 다윗을 위대한 신앙의 인물로 추앙하는 이유는 다윗이 골리앗을 무찔렀기 때문이 아니다. 다윗이 자신의 범죄를 감추지 않고 겸손하게 고백하며 주님의 은총을 구했기 때문이다. 다윗이 자신의 죄악을 감추는 일을 계속했다면, 그는 하나님께 버림받았을 것이며, 자신의 전임자였던 사울 왕과 같은 운명을 맞았을 것이다.

다윗은 '허물의 사함을 받고 자신의 죄가 가려진 자는 복이 있도다(시편 32:1)'라고 고백했다. 다윗은 성도가 죄를 은폐

할 때 오히려 영혼의 고통이 가중되는 것을 체험하였다. 하나님께서 양심에 주시는 가책이 자신의 영혼을 짓누르는 것을 체험하였던 것이다. 하지만 하나님과 선지자 앞에 (특히 밧세바와의 간음 사건 이후에 나단 선지자 앞에) 자신의 죄를 고백하였을 때, 오히려 사함을 얻고 죄가 가리워짐을 체험했다. 영적 자유를 누리게 된 것이다. 이것이 하나님의 은총이다. 하나님 앞에서 죄를 깨닫고 선지자들과 백성들 앞에 죄를 인정하고 고백했을 때, 그는 더 이상 죄의 포로가 아니었다. 그는 하나님 앞에서 은총을 경험했고, 양심은 자유를 얻었으며, 죄의 수렁에서 벗어나 죄를 이길 수 있게 되었다. 이것이 고백의 기적이다. 우리는 하나님의 은총을 얻고, 죄를 이기기 위해 고백을 훈련해야 한다.

죄의 고백

우리는 누군가가 무엇인가를 고백하면 대단한 일로 여기는 세상에 살고 있다. 거꾸로 생각해 보면 우리 모두는 그만큼 숨기며 감추고 살고 있다는 것을 의미한다. 우리는 형편없는 죄인인데, 아닌 척하고 산다는 것이다. 자신의 체면을 위해 모든 것을 포장하고 살아가는 것이다. 적당히 포장하여 좋은 이미지를 만들면 자신에게 유익할 수 있다. 하지만 성도가 자신의 죄에 대해서 이러한 태도를 갖는다면 하나님은 그를 받아주시지 않는다.

죄의 고백은 대단한 것이 아니다. 없는 것을 만들어내는 것도 아니다. 고백은 자신의 죄를 감추지 않고, 하나님 앞에서 인정하는 것이다. 대부분의 성도들은 죄를 고백하고 은총을 구하기는커녕 죄를 깨닫지도 못한다. "모든 사람은 죄인이다"라고 말하면 "내가 무슨 죄를 많이 지었느냐"고 반문한다. 오히려 현대의 성도들은 모든 것을 문화라고 말하면서 즐기기를 서슴지 않는다. 술, 담배, 도박, 미신, 혼외정사 등에 대한 교회의 정죄를 시대착오적인 것으로 여긴다. 오히려 남들이 다 하는 것을 왜 금지하느냐고 따진다. 하나님께서 진노의 손길을 당장 펼치지 않으시는 것이 이상할 정도이다. 주일 성수나 십일조에 대해 강조하는 교회는 이상한 교회라고 생각한다. '자유롭게 하나님을 믿으면 되는 것 아니냐'고 생각한다.

바울은 '믿음을 따라 하지 아니하는 것은 다 죄(로마서 14:23)'라고 말씀한다. 죄는 우리가 생각하듯이 살인이나 간음을 범하고, 적극적으로 하나님을 욕보이는 죄악으로 한정되는 것이 아니다. 믿음을 따라 하나님의 영광을 위해 하지 않는 것은 사실 다 죄다. 우리는 스스로의 죄에 대해 생각할 때,

자기가 무엇을 했는가에 집중한다. 내가 분노했는가? 내가 살인했는가? 내가 간음했는가? 내가 하지 말라고 한 것을 했는지 생각한다. 거꾸로 생각해 보라. 우리는 하나님의 영광을 위해 무엇을 했는가? 연약한 형제를 사랑하고 힘써 도왔는가? 이웃을 사랑하여 선행을 베풀고 복음을 전했는가? 교회의 덕을 세우기 위하여 섬기고 자신의 유익을 포기했는가?

사실 우리들이 성경에서 금한 것을 범하여 짓는 죄보다, 성경에서 행하기를 가르쳤는데 하지 않는 죄가 훨씬 더 많다는 것을 깨달아야 한다. 야고보서는 선을 행할 줄 알고도 행하지 않으면 죄라고 지적한다. '들으라 너희 중에 말하기를 오늘이나 내일이나 우리가 어떤 도시에 가서 거기서 일 년을 머물며 장사하여 이익을 보리라 하는 자들아 내일 일을 너희가 알지 못하는도다 너희 생명이 무엇이냐 너희는 잠깐 보이다가 없어지는 안개니라 너희가 도리어 말하기를 주의 뜻이면 우리가 살기도 하고 이것이나 저것을 하리라 할 것이거늘 이제도 너희가 허탄한 자랑을 하니 그러한 자랑은 다 악한 것이라 그러므로 사람이 선을 행할 줄 알고도 행하지 아니하면 죄니라(야고보서 4:13-18).'

죄를 깨닫게 하시는 성령

성령님은 하나님의 말씀을 통해 사역하신다. 신약성경에 성령의 은사를 언급한 곳은 총 다섯 군데이다. 고린도전서 12:8-11, 고린도전서 12:28, 로마서 12:6-8, 에베소서 4:11, 베드로전서 4:11. 이 다섯 군데에서 가장 우선적이며, 공통적으로 나타나는 성령의 은사는 말씀을 전하는 은사이다. 즉, 성령은 하나님의 말씀을 전하게 하시며, 그 말씀 안에서 죄를 깨닫고 회개하여 주님을 믿게 하는 놀라운 역사를 이루신다는 것이다.

하나님의 말씀은 우리에게 무엇을 깨닫게 하시는가? 예수님과 예수님 전에 오셔서 예수님의 길을 예비했던 세례 요한은 우리에게 무엇을 깨닫기를 원하셨는가? 바로 우리가 죄인임을 깨닫기를 원하셨으며, 죄를 회개하고 하나님께 나아오기를 원하셨다. 성령님은 지금도 하나님의 말씀을 각 사람에게 전하고 계신다. 성령님께서 하시는 최초이자 최종적인 일은 죄를 깨닫게 하시는 것이다. 교회 역사 가운데 영혼들이 변화되고 교회가 부흥했던 시기는 (무조건 양적으로 팽창하는 시기는 제외하고) 모두 회개의 역사가 강력했던 때이다.

한국 교회의 진정한 부흥을 촉발시켰던 평양 대부흥 운동은 결국 선교사에서부터 모든 성도들이 자신의 죄악을 깨닫는 성령님의 놀라운 역사 앞에 무릎을 꿇게 된 사건이다. 부흥의 현장에 있었던 성도들은 하나님의 말씀을 보고 회중 앞에서 자신들의 죄악을 자복하는 일을 계속했다. 마치 느헤미야 시대의 회개를 보는 것과 같은 역사가 일어났던 것이다. '모든 이방 사람들과 절교하고 서서 자기의 죄와 조상들의 허물을 자복하고 이 날에 낮 사분의 일은 그 제자리에 서서 그들의 하나님 여호와의 율법책을 낭독하고 낮 사분의 일은 죄를 자복하며 그들의 하나님 여호와께 경배하는데(느헤미야 9:2-3).'

성령님은 우리에게 죄를 깨닫게 하신다. 죄를 깨닫게 함으로 우리 자신의 본질을 발견하게 하신다. 그 때 우리는 비로소 하나님 앞에 나아가게 되는 것이다. 죄를 깨닫게 됨으로 우리는 그리스도의 십자가의 은총에 연합된다. 예수님은 진정한 우리의 구주가 되시며, 우리는 그리스도를 통해 하나님의 사죄의 은총을 경험한다. 과거와 미래의 모든 죄는 더 이상 우리를 속박하지 않는다. 우리는 모든 죄의 책임에서 놓임을 받게 된다. 죄를 깨닫고 죄를 고백하는 훈련은 성령의 인도하심을 받아야 가능하다.

고백하지 않는 결과

하나님 앞에 죄를 고백하지 않으면 우리의 영혼은 하나님과의 교제에서 단절된다. 죄의 고백은 우리로 하여금 하나님의 주권을 인정하고 순종하게 하지만, 죄를 고백하지 않으면 교만함 속에서 불순종의 삶을 살게 된다. 결국 그 삶의 결과는 두려움과 염려와 좌절뿐이다. '내가 입을 열지 아니할 때에 종일 신음하므로 내 뼈가 쇠하였도다 주의 손이 주야로 나를 누르시오니 내 진액이 빠져서 여름 가뭄에 마름 같이 되었나이다(시편 32:3-4).' 다윗은 자신이 하나님 앞에 죄를 고백하며 나아가지 않았을 때의 영적 고통을 잘 전해 주고 있다. 죄의 고백이 없으면 우리의 영혼은 답답함을 느낀다. 하나님의 임재가 느껴지지 않는다. 말씀도 귀를 울리며 지나갈 뿐, 심령에 와 닿지 않는다. 하나님께서 가장 싫어하시는 일은 바로 죄를 은폐하는 것이며, 자신이 죄인임을 깨닫지 못하는 것이다.

하나님과 사람들 앞에 죄를 은폐하면 영적 고통이 찾아올 뿐만 아니라 죄가 점점 세력을 얻게 된다. 아무에게도 말 안 하고 조용히 죄악이 정리되는가? 이 세상에 그렇게 죄를 이길 수 있는 사람은 없다. 죄는 은폐되면 점점 더 우리 안에서 세력을 키워간다. 우리의 양심을 마비시킨다. 후에는 더 큰 죄도 죄로 여기지 않는 심각한 사태가 벌어진다. 다윗은 그 사실을 경험했다. 처음에는 단순히 밧세바와 쾌락을 원했다. 원치 않던 아이가 생겼다. 그 아이가 자신의 아이라는 것을 감추기 위해 거짓을 일삼았다. 자신의 의도가 실패하자 결국 충직한 신하를 가차 없이 죽여 버렸다. 이것이 남의 이야기처럼 들리는가? 은폐된 죄악은 이렇게 모두에게 역사한다.

하나님께서는 계속 죄악을 은폐하는 사람을 어떻게 하시는가? 스스로 고백하지 않는 죄악을 만천하에 강제로 드러내신다. 하나님께서는 회개하지 않는 이스라엘 백성들을 전쟁으로 멸망하게 하며, 이방인들 앞에서 자신들의 죄악을 강제로 고백하게 만들겠다고 말씀하셨다. '내가 그들을 이방인 가운데로 흩으며 여러 나라 가운데에 헤친 후에야 내가 여호와인 줄을 그들이 알리라 그러나 내가 그 중 몇 사람을 남겨 칼과 기근과 전염병에서 벗어나게 하여 그들이 이르는 이방인 가운데에서 자기의 모든 가증한 일을 자백하게 하리니 내가 여호와인 줄을 그들이 알리라(에스겔 12:15-16).' 이 세상에 영원히 감추어진 진실이 있는가? 정치를 비롯하여 사회의 모든 분야에서 은밀히 많은 죄악들이 진행되지만 감출 수 없다는 것이 분명하지 않은가? 우리 개개인의 죄악도 마찬가지다. 하나님께서는 고백하고 회개하지 않는 모든 죄악을 언젠가 모두 드러내신다.

하나님께서는 때로 상상할 수 없는 방식으로 죄를 드러내시고, 하나님의 공의를 세우신다. 유대인들을 멸하려고 은밀한 죄를 꾸몄던 하만은 에스더의 남편 아하수에로 왕이 우연히 궁중 역사를 읽게 되면서 자신의 모든 음모가 드러났다. 결국 참혹한 죽음을 당했다. 이렇게 하나님의 공의는 살아 움직이고 있다. 고백을 훈련하라. 죄악을 이길 수 있다.

고백의 유익

고백은 우리의 영혼을 자유케 한다. 하나님께서는 죄를 고백한 자에게 사죄의 은총을 베푸신다. 평안과 축복을 주신다. '만일 우리가 우리 죄를 자백하면 그는 미쁘시고 의로우사 우리 죄를 사하시며 우리를 모든 불의에서 깨끗하게 하실 것이요(요한일서 1:9).' 다윗은 죄를 은폐하며 너무나 고통스러운 삶을 경험했다. 그는 사람들이 자신의 죄를 잘 알지 못했지만, 늘 사람들이 자신의 죄를 알까봐 두려웠다. 그는 하나님 앞에 나아갈 수가 없었다. 하나님을 생각하면 두려움이 엄습했다.

하지만 그는 죄를 고백하고 나서 누리는 축복을 깨닫고 우리에게도 권면하고 있다. '내가 이르기를 내 허물을 여호와께 자복하리라 하고 주께 내 죄를 아뢰고 내 죄악을 숨기지 아니하였더니 곧 주께서 내 죄악을 사하셨나이다 이로 말미암아 모든 경건한 자는 주를 만날 기회를 얻어서 주께 기도할지라 진실로 홍수가 범람할지라도 그에게 미치지 못하리이다(시편 32:5-6).' 그렇게 두려움과 고뇌를 겪던 다윗이 주님께 죄를 고백할 때 놀라운 은혜를 체험했다. 하나님께 죄를 고백하는 성도는 아무리 홍수와 같이 거대한 죄의 권세가 자신을 범람해도 절대 미치지 못한다. 죄를 고백하는 것은 부끄러운 것이 아니라 죄를 이기며 하나님의 은총을 누리는 과정이다.

나아가 죄의 고백은 새로운 삶을 살아갈 수 있는 놀라운 힘을 준다. 고백은 죄를 예방하며, 죄의 노예가 되어 있는 우리의 육신을 해방시킨다. 왜냐하면 죄를 고백하는 자에게 성령께서 죄를 이기는 능력을 주시기 때문이다. 죄를 이기는 삶을 살게 되면, 우리의 영혼이 자유를 느낀다. 밝고 자신 있는 생활을 하게 된다. 하나님께 나아갈 때도 은혜의 확신을 가지고 나갈 수 있으며, 죄의 유혹이 찾아올 때 쉽게 물리칠 수 있게 된다. 죄를 고백한 사람은 더 이상 죄인으로 낙인찍히지 않는다. 한 마디로 죄의 고백은 우리의 영혼에 하나님의 축복을 넘치게 한다.

성경은 나아가 공동체에서 죄를 고백하라고 말씀하신다. '그러므로 너희 죄를 서로 고백하며 병이 낫기를 위하여 서로 기도하라 의인의 간구는 역사하는 힘이 큼이니라(야고보서 5:16).' 공동체에서의 죄의 고백은 죄의 은밀한 위력을 파괴한다. 죄는 은폐되면 더욱 크게 자란다. 다윗에게서 볼 수 있듯이 죄는 드러나기 전에는 계속 성장하여 사람의 영혼을 파괴한다. 그러나 죄를 고백하면 죄의 능력은 사라진다. 마치 태평양을 지나며 위력을 얻었던 태풍이 대륙을 지나면서 위력을 잃고 소멸되듯이, 은밀함 속에서 에너지를 얻고 자라던 죄악은 고백과 동시에 에너지가 상실되며 유혹의 강력함이 사라지게 된다.

죄의 고백은 위로와 기도를 수확한다

죄의 고백은 공동체의 위로와 기도를 수확한다. 고백되지 않은 죄가 발각되면 공동체는 엄중히 처벌하며 정죄한다. 하지만 누군가가 죄를 고백하고 회개하면 공동체는 그를 위해 기도하고 위로한다. 사람들은 자신의 죄가 드러나면 이미지가 손상되고 정죄에 시달리게 될 것을 두려워한다. 그러한 두려움은 사탄이 주는 것이다. 오히려 신뢰할 만한 영적 동역자에게 죄악을 고백하면 놀라운 힘을 얻게 됨을 경험할 수 있다. 고백된 죄는 정죄의 대상이 되지 못한다. 힘을 잃고 소멸된다.

죄의 고백은 하나님의 역사하시는 능력을 강화시킨다. 마음의 은밀한 죄악은 태양을 가리는 구름과 같아서 하나님의 임재를 막는다. 죄를 고백하면 놀라운 역사가 일어난다. 죄악을 능히 이길 수 있는 힘이 생기며, 기도의 능력이 더해진다. 죄의 용서함을 받은 자가 바로 의인이다. 의인이 기도하면 역사하는 힘이 크다. 놀라운 하나님의 기적이 일어난다. 이 시간 모두 하나님께 나아가 죄악을 고백하라. 신뢰할 만한 공동체의 지체들에게 해결되지 않는 죄의 문제를 고백하라. 놀라운 영적 능력을 체험하게 될 것이다.

이 책을 탈고하던 중, 과거 주찬양으로 한국 교회 젊은이들을 위한 찬양 사역을 주도했던 최덕신 전도사님의 찬양집회에 참석하게 되었다. 그는 이미 중년에 접어들었다. 그는 가정을 지키지 못한 문제로 많은 사람들의 오해와 비난 속에 아픈 과거를 보냈다. 그가 어떤 모습으로 다시 설지 나는 궁금했다. 나는 그가 집회 중에 자신의 실수를 고백하면서 다시 사역의 자리에 서게 된 것은 전적으로 주의 은혜라고 고백하는 것을 보고 감동을 느꼈다. 과거의 아픔과 시련을 하나님 앞에서 고백으로 이겨낸 그의 모습은 정말 자유해 보였다. 앞으로 그는 예전보다 더욱 강한 영성으로 무장하게 될 것이다. 더욱 영감 있는 찬양으로 많은 영혼을 구원하는 사역에 쓰임 받게 될 것이다. 그가 하나님 앞에 그리고 자신을 비난했던 많은 사람들 앞에 자신의 실수를 고백했기 때문이다.

혹시 우리들 중에 죄와 허물로 고통을 당하는 영혼이 있다면 하나님 앞에 죄를 고백하고 다시 세우시는 하나님의 은총을 경험하라. 다윗의 영성은 자신의 죄와 허물의 고백에서 나온 영적 훈련의 산물이다.